漢字って楽しい！

漢字の歴史は三千年以上とも
いわれています。
最初は、簡単な絵文字でした。
そのうち、それらを
組み合わせて、新しい漢字が
作られたのです。
一字一字の漢字に歴史がある、
そう思うと、漢字の学習が
楽しくなってきませんか。

鳴

口　鳥

人　木

休

「漢検」級別 主な出題内容

10級 …対象漢字数 80字
漢字の読み／漢字の書取／筆順・画数

9級 …対象漢字数 240字
漢字の読み／漢字の書取／筆順・画数

8級 …対象漢字数 440字
漢字の読み／漢字の書取／部首・部首名／筆順・画数／送り仮名／対義語／同じ漢字の読み

7級 …対象漢字数 642字
漢字の読み／漢字の書取／部首・部首名／筆順・画数／送り仮名／対義語／同音異字／三字熟語

6級 …対象漢字数 835字
漢字の読み／漢字の書取／部首・部首名／筆順・画数／送り仮名／対義語・類義語／同音・同訓異字／三字熟語／熟語の構成

5級 …対象漢字数 1026字
漢字の読み／漢字の書取／部首・部首名／筆順・画数／送り仮名／対義語・類義語／同音・同訓異字／誤字訂正／四字熟語／熟語の構成

4級 …対象漢字数 1339字
漢字の読み／漢字の書取／部首・部首名／送り仮名／対義語・類義語／同音・同訓異字／誤字訂正／四字熟語／熟語の構成

3級 …対象漢字数 1623字
漢字の読み／漢字の書取／部首・部首名／送り仮名／対義語・類義語／同音・同訓異字／誤字訂正／四字熟語／熟語の構成

準2級 …対象漢字数 1951字
漢字の読み／漢字の書取／部首・部首名／送り仮名／対義語・類義語／同音・同訓異字／誤字訂正／四字熟語／熟語の構成

2級 …対象漢字数 2136字
漢字の読み／漢字の書取／部首・部首名／送り仮名／対義語・類義語／同音・同訓異字／誤字訂正／四字熟語／熟語の構成

準1級 …対象漢字数 約3000字
漢字の読み／漢字の書取／故事・諺／対義語・類義語／同音・同訓異字／誤字訂正／四字熟語

1級 …対象漢字数 約6000字
漢字の読み／漢字の書取／故事・諺／対義語・類義語／同音・同訓異字／誤字訂正／四字熟語

※ここに示したのは出題分野の一例です。毎回すべての分野から出題されるとは限りません。また、このほかの分野から出題されることもあります。

日本漢字能力検定採点基準 最終改定：平成25年4月1日

❶ 採点の対象
筆画を正しく、明確に書かれた字を採点の対象とし、くずした字や、乱雑に書かれた字は採点の対象外とする。

❷ 字種・字体
①2〜10級の解答は、内閣告示「常用漢字表」（平成二十二年）による。ただし、旧字体での解答は正答とは認めない。
②1級および準1級の解答は、『漢検要覧 1／準1級対応』（公益財団法人日本漢字能力検定協会発行）に示す「標準字体」「許容字体」「旧字体一覧表」による。

❸ 読み
①2〜10級の解答は、内閣告示「常用漢字表」（平成二十二年）による。
②1級および準1級の解答には、①の規定は適用しない。

❹ 仮名遣い
仮名遣いは、内閣告示「現代仮名遣い」による。

❺ 送り仮名
送り仮名は、内閣告示「送り仮名の付け方」による。

❻ 部首
部首は、『漢検要覧 2〜10級対応』（公益財団法人日本漢字能力検定協会発行）収録の「部首一覧表と部首別の常用漢字」による。

❼ 筆順
筆順の原則は、文部省編『筆順指導の手びき』（昭和三十三年）による。常用漢字一字一字の筆順は、『漢検要覧 2〜10級対応』収録の「常用漢字の筆順一覧」による。

❽ 合格基準

級	満点	合格
1級／準1級／2級	二〇〇点	八〇％程度
準2級／3級／4級／5級／6級／7級	二〇〇点	七〇％程度
8級／9級／10級	一五〇点	八〇％程度

※部首、筆順は『漢検 漢字学習ステップ』など公益財団法人日本漢字能力検定協会発行図書でも参照できます。

日本漢字能力検定審査基準

10級

程度　小学校第1学年の学習漢字を理解し、文や文章の中で使える。

領域・内容

《読むことと書くこと》　小学校学年別漢字配当表の第1学年の学習漢字を読み、書くことができる。

《筆順》　点画の長短、接し方や交わり方、筆順および総画数を理解している。

9級

程度　小学校第2学年までの学習漢字を理解し、文や文章の中で使える。

領域・内容

《読むことと書くこと》　小学校学年別漢字配当表の第2学年までの学習漢字を読み、書くことができる。

《筆順》　点画の長短、接し方や交わり方、筆順および総画数を理解している。

8級

程度　小学校第3学年までの学習漢字を理解し、文や文章の中で使える。

領域・内容

《読むことと書くこと》　小学校学年別漢字配当表の第3学年までの学習漢字を読み、書くことができる。

- 音読みと訓読みとを理解していること
- 送り仮名に注意して正しく書けること（食べる、楽しい、後ろ　など）
- 対義語の大体を理解していること（勝つ―負ける、重い―軽い　など）
- 同音異字を理解していること（反対、体育、期待、太陽　など）

《筆順》　筆順、総画数を正しく理解している。

《部首》　主な部首を理解している。

7級

程度　小学校第4学年までの学習漢字を理解し、文章の中で正しく使える。

領域・内容

《読むことと書くこと》　小学校学年別漢字配当表の第4学年までの学習漢字を読み、書くことができる。

- 音読みと訓読みとを正しく理解していること
- 送り仮名に注意して正しく書けること（等しい、短い、流れる　など）
- 熟語の構成を知っていること
- 対義語の大体を理解していること（入学―卒業、成功―失敗　など）
- 同音異字を理解していること（健康、高校、公共、外交　など）

《筆順》　筆順、総画数を正しく理解している。

《部首》　部首を理解している。

6級

程度　小学校第5学年までの学習漢字を理解し、文章の中で漢字が果たしている役割を知り、正しく使える。

領域・内容

《読むことと書くこと》　小学校学年別漢字配当表の第5学年までの学習漢字を読み、書くことができる。

- 音読みと訓読みとを正しく理解していること
- 送り仮名や仮名遣いに注意して正しく書けること（求める、失うなど）
- 熟語の構成を知っていること（上下、絵画、大木、読書、不明　など）
- 対義語、類義語の大体を理解していること（禁止―許可、平等―均等など）
- 同音・同訓異字を正しく理解していること

《筆順》　筆順、総画数を正しく理解している。

《部首》　部首を理解している。

5級

程度　小学校第6学年までの学習漢字を理解し、文章の中で漢字が果たしている役割に対する知識を身に付け、漢字を文章の中で適切に使える。

領域・内容

《読むことと書くこと》　小学校学年別漢字配当表の第6学年までの学習漢字を読み、書くことができる。

- 音読みと訓読みとを正しく理解していること
- 送り仮名や仮名遣いに注意して正しく書けること
- 熟語の構成を知っていること
- 対義語、類義語を正しく理解していること
- 同音・同訓異字を正しく理解していること

《四字熟語》　四字熟語を正しく理解している（有名無実、郷土芸能　など）。

《筆順》　筆順、総画数を正しく理解している。

《部首》　部首を理解し、識別できる。

4級

程度　常用漢字のうち約1300字を理解し、文章の中で適切に使える。

領域・内容

《読むことと書くこと》　小学校学年別漢字配当表のすべての漢字と、その他の常用漢字約300字の読み書きを習得し、文章の中で適切に使える。

- 音読みと訓読みとを正しく理解していること
- 送り仮名や仮名遣いに注意して正しく書けること
- 熟語の構成を正しく理解していること
- 熟字訓、当て字を理解していること（小豆／あずき、土産／みやげなど）
- 対義語、類義語、同音・同訓異字を正しく理解していること

《四字熟語》　四字熟語を理解している。

《部首》　部首を識別し、漢字の構成と意味を理解している。

3級

程度　常用漢字のうち約1600字を理解し、文章の中で適切に使える。

領域・内容

《読むことと書くこと》　小学校学年別漢字配当表のすべての漢字と、その他の常用漢字約600字の読み書きを習得し、文章の中で適切に使える。

- 音読みと訓読みとを正しく理解していること
- 送り仮名や仮名遣いに注意して正しく書けること
- 熟語の構成を正しく理解していること
- 熟字訓、当て字を理解していること（乙女／おとめ、風邪／かぜ　など）
- 対義語、類義語、同音・同訓異字を正しく理解していること

《四字熟語》　四字熟語を理解している。

《部首》　部首を識別し、漢字の構成と意味を理解している。

※常用漢字とは、平成22年（2010年）11月30日付内閣告示による「常用漢字表」に示された2136字をいう。

準2級

程度　常用漢字のうち1951字を理解し、文章の中で適切に使える。

領域・内容

《読むことと書くこと》　1951字の漢字の読み書きを習得し、文章の中で適切に使える。

・音読みと訓読みとを正しく理解していること
・送り仮名や仮名遣いに注意して正しく書けること
・熟語の構成を正しく理解していること
・熟字訓、当て字を理解していること（硫黄／いおう、相撲／すもう　など）
・対義語、類義語、同音・同訓異字を正しく理解していること

《四字熟語》　典拠のある四字熟語を理解している（驚天動地、孤立無援　など）。

《部首》　部首を識別し、漢字の構成と意味を理解している。

※1951字とは、昭和56年（1981年）10月1日付内閣告示による旧「常用漢字表」の1945字から「勺」「錘」「銑」「脹」「匁」の5字を除いたものに、現行の「常用漢字表」のうち、「茨」「媛」「岡」「熊」「埼」「鹿」「栃」「奈」「梨」「阪」「阜」の11字を加えたものを指す。

2級

程度　すべての常用漢字を理解し、文章の中で適切に使える。

領域・内容

《読むことと書くこと》　すべての常用漢字の読み書きに習熟し、文章の中で適切に使える。

・音読みと訓読みとを正しく理解していること
・送り仮名や仮名遣いに注意して正しく書けること
・熟語の構成を正しく理解していること
・熟字訓、当て字を理解していること（海女／あま、玄人／くろうと　など）
・対義語、類義語、同音・同訓異字などを正しく理解していること

《四字熟語》　典拠のある四字熟語を理解している（鶏口牛後、呉越同舟　など）。

《部首》　部首を識別し、漢字の構成と意味を理解している。

準1級

程度　常用漢字を含めて、約3000字の漢字の音・訓を理解し、文章の中で適切に使える。

領域・内容

《読むことと書くこと》　常用漢字の音・訓を含めて、約3000字の漢字の読み書きに慣れ、文章の中で適切に使える。

・熟字訓、当て字を理解していること
・対義語、類義語、同音・同訓異字などを理解していること
・国字を理解していること（峠、凧、畠　など）
・複数の漢字表記について理解していること（國―国、交叉―交差　など）

《四字熟語・故事・諺》　典拠のある四字熟語、故事成語・諺を正しく理解している。

《古典的文章》　古典的文章の中での漢字・漢語を理解している。

※約3000字の漢字は、JIS第一水準を目安とする。

1級

程度　常用漢字を含めて、約6000字の漢字の音・訓を理解し、文章の中で適切に使える。

領域・内容

《読むことと書くこと》　常用漢字の音・訓を含めて、約6000字の漢字の読み書きに慣れ、文章の中で適切に使える。

・熟字訓、当て字を理解していること
・対義語、類義語、同音・同訓異字などを理解していること
・国字を理解していること（怺える、毟る　など）
・地名・国名などの漢字表記（当て字の一種）を知っていること
・複数の漢字表記について理解していること（鹽―塩、颱風―台風　など）

《四字熟語・故事・諺》　典拠のある四字熟語、故事成語・諺を正しく理解している。

《古典的文章》　古典的文章の中での漢字・漢語を理解している。

※約6000字の漢字は、JIS第一・第二水準を目安とする。

※常用漢字とは、平成22年（2010年）11月30日付内閣告示による「常用漢字表」に示された2136字をいう。

個人受検を申し込まれる皆さまへ

協会ホームページのご案内

検定に関する最新の情報（申込方法やお支払い方法など）は、公益財団法人　日本漢字能力検定協会ホームページ https://www.kanken.or.jp/ をご確認ください。
なお、下記の二次元コードから、ホームページへ簡単にアクセスできます。

受検規約について

受検を申し込まれる皆さまは、「日本漢字能力検定 受検規約（漢検PBT）」の適用があることを同意のうえ、検定の申し込みをしてください。受検規約は協会のホームページでご確認いただけます。

1 受検級を決める

受検資格　制限はありません

実施級　1、準1、2、準2、3、4、5、6、7、8、9、10級

検定会場　全国主要都市約170か所に設置
（実施地区は検定の回ごとに決定）

検定時間　ホームページにてご確認ください。

2 検定に申し込む

インターネットにてお申し込みください。

注意

①家族・友人と同じ会場での受検を希望する方は、検定料のお支払い完了後、申込締切日の2営業日後までに協会（お問い合わせフォーム）までお知らせください。

②障がいがあるなど、身体的・精神的な理由により、受検上の配慮を希望される方は、申込締切日までに協会（お問い合わせフォーム）までご相談ください（申込締切日以降のお申し出には対応できかねます）。

③申込締切日以降は、受検級・受検地を含む内容変更および取り消し・返金は、いかなる場合もできません。また、次回以降の振り替え、団体受検や漢検CBTへの変更もできません。

団体受検の申し込み

自分の学校や企業などの団体で志願者が一定以上集まると、団体単位で受検の申し込みができる「団体受検」という制度もあります。団体受検申込を扱っているかどうかは先生や人事関係の担当者に確認してください。

3 受検票が届く

受検票は検定日の約1週間前から順次お届けします。

注意

①1、準1、2、準2、3級の方は、後日届く受検票に顔写真（タテ4㎝×ヨコ3㎝、6か月以内に撮影、上半身、正面、帽子やマスクは外す）を貼り付け、会場に当日持参してください。（当日回収・返却不可）

②4級～10級の方は、顔写真は不要です。

4 検定日当日

持ち物　受検票、鉛筆（HB、B、2Bの鉛筆またはシャープペンシル）、消しゴム

※ボールペン、万年筆などの使用は認められません。ルーペ持ち込み可。

注意

①会場への車での来場（送迎を含む）は、交通渋滞の原因や近隣の迷惑になりますので固くお断りします。

②検定開始時刻の15分前を目安に受検教室までお越しください。答案用紙の記入方法などを説明します。

③携帯電話やゲーム、電子辞書などは、電源を切り、かばんにしまってから入場してください。

④検定中は受検票を机の上に置いてください。

⑤答案用紙には、あらかじめ名前や生年月日などが印字されています。

⑥検定日の約5日後に漢検ホームページにて標準解答を公開します。

5 合否の通知

検定日の約40日後に、受検者全員に「検定結果通知」を郵送します。合格者には「合格証書」・「合格証明書」を同封します。

欠席者には検定問題と標準解答をお送りします。

受検票は検定結果が届くまで大切に保管してください。

進学・就職に有利！
合格者全員に合格証明書発行

大学・短大の推薦入試の提出書類に、また就職の際の履歴書に添付してあなたの漢字能力をアピールしてください。合格者全員に、合格証書と共に合格証明書を2枚、無償でお届けいたします。

合格証明書が追加で必要な場合は有償で再発行できます。

申請方法はホームページにてご確認ください。

お問い合わせ窓口

電話番号　フリーコール **0120-509-315**（無料）

（海外からはご利用いただけません。ホームページよりメールでお問い合わせください。）

お問い合わせ時間　月～金　9時00分～17時00分

（祝日・お盆・年末年始を除く）

※公開会場検定日とその前日の土曜は開設

※検定日は9時00分～18時00分

メールフォーム　https://www.kanken.or.jp/kanken/contact/

「漢検」受検の際の注意点

【字の書き方】

問題の答えは楷書で大きくはっきり書きなさい。乱雑な字や続け字、また、行書体や草書体のようにくずした字は採点の対象とはしません。

特に漢字の書き取り問題では、答えの文字は教科書体をもとにして、はねるところ、とめるところなどもはっきり書きましょう。また、画数に注意して、一画一画を正しく、明確に書きなさい。

《例》

○熱　×[illegible]

○言　×[illegible]

○糸　×[illegible]

【字種・字体について】

(1)日本漢字能力検定2～10級においては、「常用漢字表」に示された字種で書きなさい。つまり、表外漢字（常用漢字表にない漢字）を用いると、正答とは認められません。

《例》

○交差点　×交叉点　（「叉」が表外漢字）

○寂しい　×淋しい　（「淋」が表外漢字）

(2)日本漢字能力検定2～10級においては、「常用漢字表」に示された字体で書きなさい。なお、「常用漢字表」に参考として示されている康熙字典体など、旧字体と呼ばれているものを用いると、正答とは認められません。

《例》

○真　×眞

○涉　×渉

○飲　×飮

○迫　×[illegible]

○弱　×[illegible]

(3)一部例外として、平成22年告示「常用漢字表」で追加された字種で、許容字体として認められているものや、その筆写文字と印刷文字との差が習慣の相違に基づくとみなせるものは正答と認めます。

《例》

餌 ➡ 餌　と書いても可

遜 ➡ 遜　と書いても可

葛 ➡ 葛　と書いても可

溺 ➡ 溺　と書いても可

箸 ➡ 箸　と書いても可

注意

(3)において、どの漢字が当てはまるかなど、一字一字については、当協会発行図書（2級対応のもの）掲載の漢字表で確認してください。

公益財団法人 日本漢字能力検定協会

漢検

漢検過去問題集

(かんけん かこ)

7

漢検 公益財団法人 日本漢字能力検定協会

●本書に関するアンケート●

今後の出版事業に役立てたいと思いますので、アンケートにご協力ください。抽選で粗品をお送りします。

◆PC・スマートフォンの場合

下記 URL、または二次元コードから回答画面に進み、画面の指示に従ってお答えください。

https://www.kanken.or.jp/kanken/textbook/past.html

◆愛読者カード（ハガキ）の場合

本書挟み込みのハガキに切手を貼り、お送りください。

目次

この本の構成と使い方

この本は、2021・2022年度に実施した日本漢字能力検定（漢検）7級の試験問題と、その標準解答を収録したものです。

さらに、受検のためのQ&A、答案用紙の実物大見本、合格者平均得点など、受検にあたって知っておきたい情報をおさめました。

□「漢検」受検Q&A

検定当日の注意事項や、実際の答案記入にあたって注意していただきたいことをまとめました。

□試験問題（13回分）

2021・2022年度に実施した試験問題のうち13回分を収録しました。

問題1回分は見開きで4ページです。

7級は200点満点、検定時間は60分です。時間配分に注意しながら、合格のめやすである70％程度正解を目標として取り組んでください。

□資料

「常用漢字表　付表」と「都道府県名」の一覧を掲載しました。

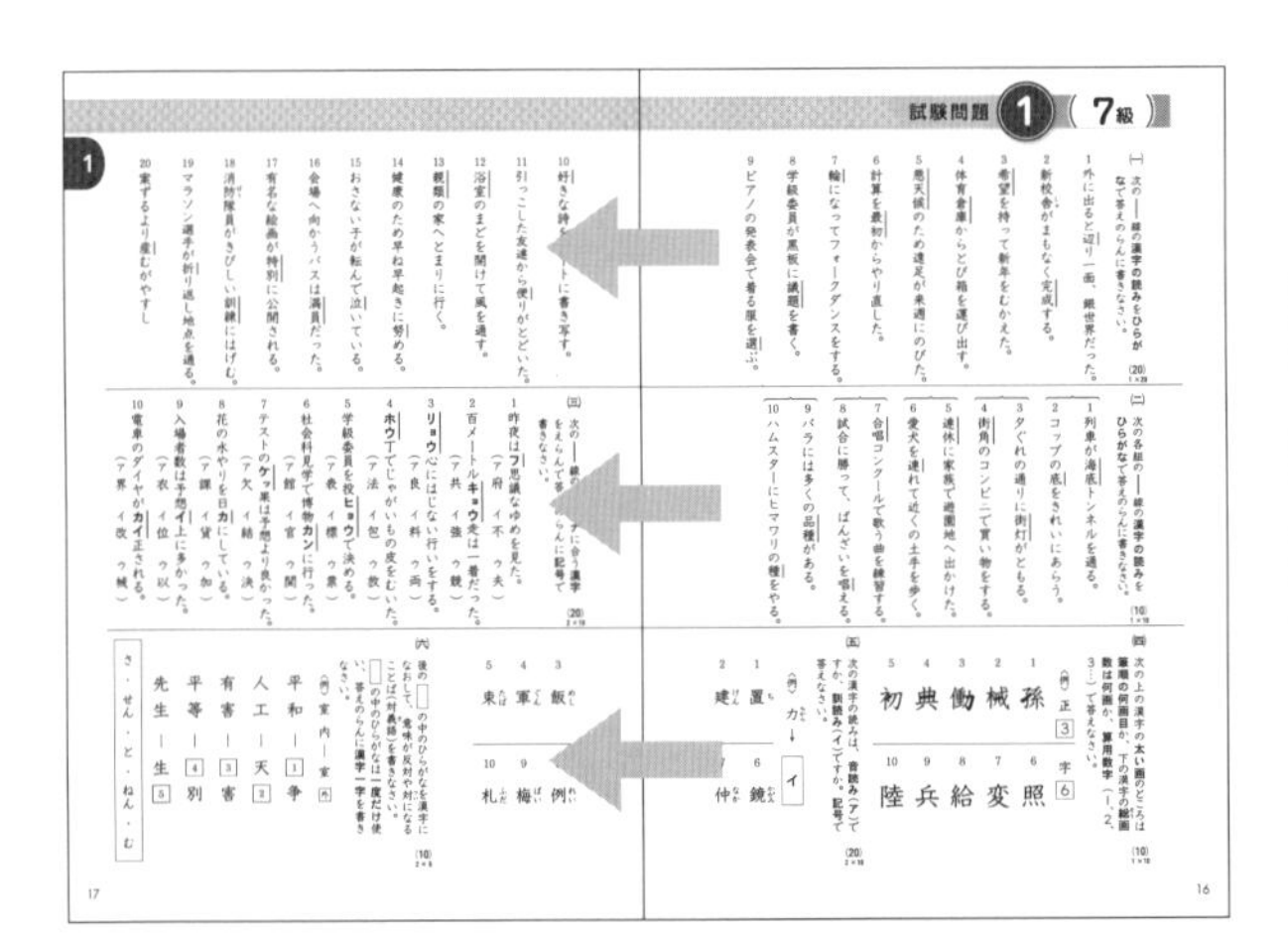

試験問題・標準解答は段ごとに右ページから左ページへ続けてご覧ください。

□答案用紙実物大見本

巻末には、検定で使う実物とほぼ同じ大きさ・用紙の答案用紙を収録。実際の解答形式に慣れることができます。問題は不許複製ですが、答案用紙実物大見本はコピーをしてお使いください。

また、日本漢字能力検定協会ホームページからもダウンロードできます。

https://www.kanken.or.jp/kanken/textbook/past.html

□別冊・標準解答

各問題の標準解答は、別冊にまとめました。1回分は見開きで2ページです。

また、試験問題**1**～**11**の解答には、(一)(二)(三)……の大問ごとに合格者平均得点をつけました。難易のめやすとしてお役立てください。

□データでみる「漢検」

「漢検」受検者の年齢層別割合・設問項目別正答率を掲載しました。

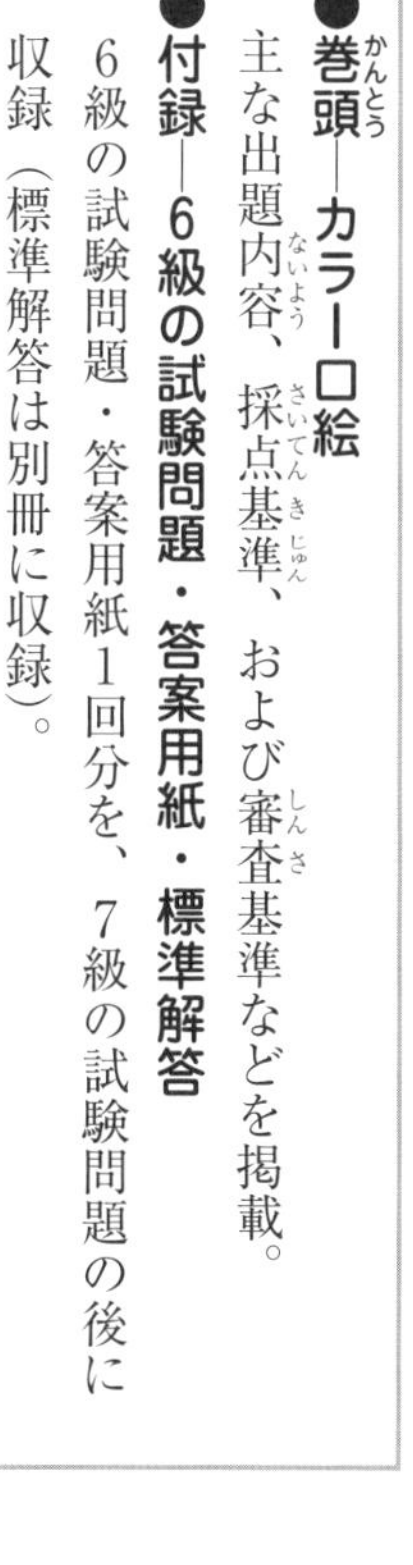

●巻頭―カラー口絵

主な出題内容、採点基準、および審査基準などを掲載。

●付録―6級の試験問題・答案用紙・標準解答

6級の試験問題・答案用紙1回分を、7級の試験問題の後に収録（標準解答は別冊に収録）。

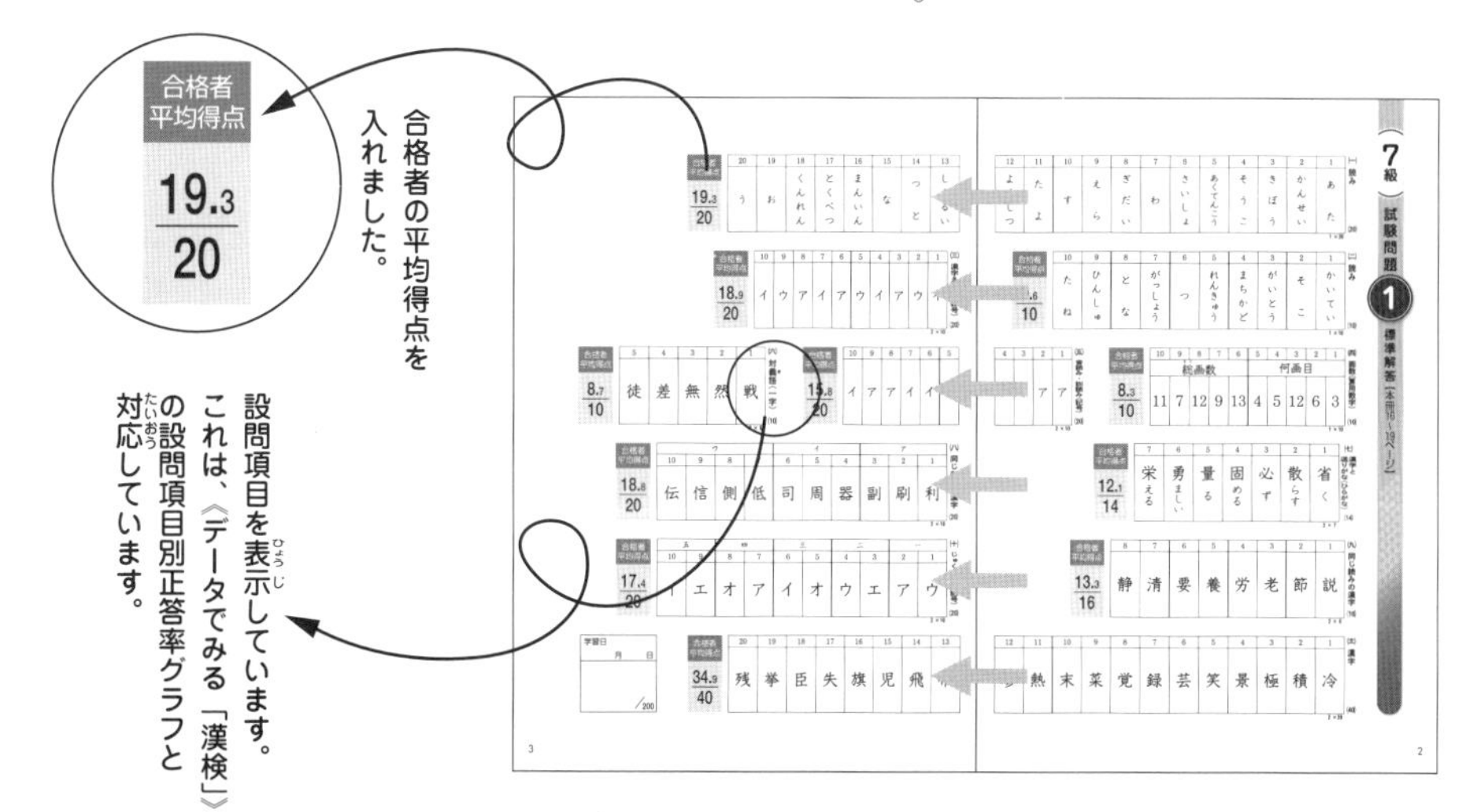
合格者平均得点
19.3
20
合格者の平均得点を入れました。
設問項目を表示しています。これは、《データでみる「漢検」》の設問項目別正答率グラフと対応しています。
7級
試験問題
1
標準解答

「漢検」受検 Q&A

●検定当日について

当日は何を持っていけばよいですか？

受検票（公開会場の場合）と筆記用具は必ず持ってきてください。

受検票は検定日の1週間くらい前にとどきます。

鉛筆またはシャープペンシルは、HB・B・2Bのものを使ってください。何本か多めに持っていくとよいでしょう。ボールペンや万年筆、こすって消せるペン（こすることで無色になる特別なインクを使ったペン）などを使うことはできません。

消しゴムもわすれずに持っていきましょう。

そのほかに注意することは何ですか？

A 検定開始の10分前から、答案用紙への記入方法などについて説明をしますので、検定開始の15分前には会場に入り、席についていてください。

けいたい電話やゲーム、電子辞書などは、電源を切り、かばんにしまってから会場に入りましょう。

席についたら、受検票と筆記用具を机の上に置いて、係員の説明をよく聞いてください。

●答案について

標準解答の見方は？

例

無粋
不粋

「無粋」「不粋」どちらでも正解とします。

ぶんぴ
ぶんぴつ

「ぶんぴ」「ぶんぴつ」どちらでも正解とします。

Q 標準解答に、複数の答えが示されている場合、そのすべてを答えないと正解にならないのか？

A 標準解答に、複数の答えが示されている場合、そのうちどれか一つが正しく書けていれば正解とします。すべてを書く必要はありません。

なお、答えを複数書いた場合、そのなかの一つでも間違っていれば不正解としますので、注意してください。

例

問題　次の――線の**漢字の読みをひらがな**で記せ。

現在の地位に執着する。

標準解答

しゅうじゃく
しゅうちゃく

解答例

しゅうじゃく	……○
しゅうちゃく	……○
しゅうじゃく しゅうちゃく	……○
しっちゃく しゅうちゃく	……×

Q 答えを漢字で書く際に注意することは？

A 漢字は、楷書で丁寧に、解答欄内に大きくはっきりと書いてください。くずした字や乱雑な字などは採点の対象外とします（※）。教科書体を参考にして、はねるところ、とめるところなどもはっきり書きましょう。

特に、次に示す点に注意してください。

①画数を正しく書く

例 様…○ 様…× 糸…○ 糸…×
話…○ 話…× 昼…○ 昼…×

②字の骨組みを正しく書く

例 堂…○ 堂…× 踏…○ 踏…×
独…○ 独…× 想…○ 想…×

③突き出るところ、突き出ないところを正しく書く

例 車…○ 車…× 降…○ 降…×
角…○ 角…× 重…○ 重…×

④字の組み立てを正しく書く

例 潔…○ 潔…× 落…○ 落…×
染…○ 染…× 薄…○ 薄…×

⑤一画ずつ丁寧に書く

例 池…○ 池…× 鳥…○ 鳥…×
改…○ 改…× 戦…○ 戦…×

⑥よく似た別の字（または字の一部分）と区別がつくように書く

例 土／士 末／末
壬／王 干／千

（※）採点の対象外とする字とは？

自分だけが読み取れれば良いメモなどとは違い、検定では誰が見ても正しく読み取れる字を書かなければ正解とはなりません。

くずした字や乱雑な字など、字体（文字の骨組み）が読み取れない字は採点の対象外とし、不正解とします。また、答案用紙は機械で読み取るため、機械が読み取らないほど薄い字も、採点の対象外です。

●採点の対象外とする字の例

・細部が潰れている字

例 優…○ 優…×　曜…○ 曜…×
輸…○ 輸…×　厳…○ 厳…×

・続け字

例 銀…○ 銀…×　細…○ 細…×
顔…○ 顔…×　試…○ 試…×

・小さい字（周りの四角は解答欄を表す）

例 確…○ 確…×
悲…○ 悲…×

・消したかどうかわからない部分がある字

例 暴…○ 暴…×　垂…○ 垂…×
休…○ 休…×　専…○ 専…×

・不要な部分がある字

例 危…○ 危…×　水…○ 氷…×
属…○ 属…×　糸…○ 糸…×

答えをひらがなで書く際に注意することは？

A 漢字を書くときと同様に、楷書で丁寧に書いてください。
特に、次に示す点に注意してください。

①バランスがくずれると区別がつきにくくなる字は、区別がつくように丁寧に書く

例 い／り　か／や　く／し
　 て／へ　ゆ／わ　い／こ

②拗音（ようおん）「ゃ」「ゅ」「ょ」や促音（そくおん）「っ」は小さく右に寄せて書く

例 いしゃ…○　いしや…×
　 がっこう…○　がつこう…×

③濁点「゛」や半濁点「゜」をはっきり書く

例 が…○　が…×　が…×
　 ぱ…○　ぱ…×　ぱ…×

④一画ずつ丁寧に書く

例 な…○　な…×　ふ…○　ふ…×
　 う…○　う…×　も…○　も…×

2～10級の検定で、旧字体や「常用漢字表」に示されていない漢字（表外漢字）、歴史的仮名遣い（かなづかい）を用いて答えてもよいか？

A 2～10級の解答には、常用漢字および現代仮名遣いを用いてください。旧字体や表外漢字、歴史的仮名遣いを用いた解答は不正解とします。
また、「常用漢字表」に示されていない読み（表外読み）を用いた解答も不正解とします。

例1 問題　次の——線の**カタカナ**を**漢字**に直せ。
信号が**テンメツ**している。
解答例　点滅……○
點滅……×　「點」が旧字体

例2 問題　次の——線の**漢字の読み**を**ひらがな**で記せ。
池にうっすらと氷がはる。
解答例　こおり……○
こほり……×　「こほり」は歴史的仮名遣い

例3

問題　次の――線のカタカナを漢字に直せ。

紙くずをごみ箱にスてる。

解答例　捨……○

棄……×　「棄」の訓読み「す（てる）」は表外読み

Q 「遡」を「遡」、「餅」を「餅」と書いてもよいか？

A 2～10級の検定では、「常用漢字表」に示された字体を用いて答えなければなりません。ただし、例外として、平成22（2010）年告示「常用漢字表」で追加された漢字のうち、許容字体が併せて示されたものは正解とします。

「遡」や「餅」という字体はこの例外に当てはまりますので、正解となります。

Q 次の例ではどちらが正しい書き方か？

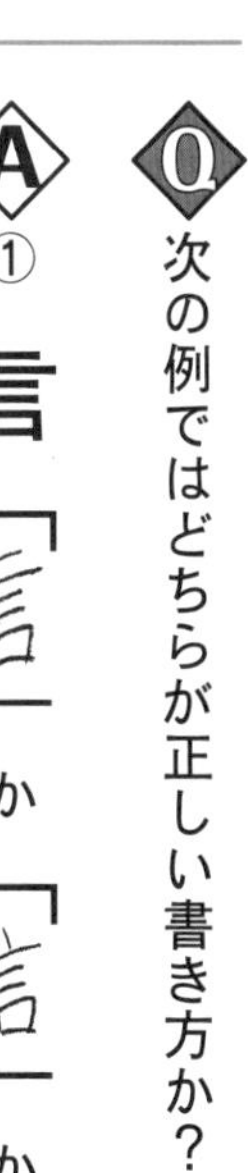

A ①

言「言」か「言」か

条「条」か「条」か

令「令」か「令」か

どちらの書き方でも正解とします。

こうした違いについては、「常用漢字表」の「（付）字体についての解説」に、「印刷文字と手書き文字におけるそれぞれの習慣の相違に基づく表現の差と見るべきもの」として例示されており、字体としては同じ（どちらで書いてもよい）とされています。

②

溺「溺」か「溺」か

頰「頰」か「頬」か

剝「剝」か「剥」か

どちらの書き方でも正解とします。

これらのように、印刷文字と手書き文字におけるそれぞれの習慣の相違に基づく表現の差が、字体（文字の骨組み）の違いに及ぶ場合もありますが、いわば例外的なものです。

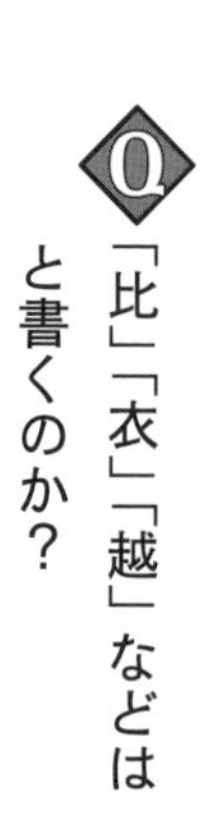

Q 「比」「衣」「越」などは「㇙」と書くのか「レ」と書くのか？

A 「比」「衣」「越」などの「㇙」の部分は、活字のデザインにおいて、一画で書く「レ」の折れを強調したものです。

検定では、次に示す教科書体を手本にして、「レ」のように一画で書いてください。

例　衣　越　猿　仰　氏　紙　長
　　底　展　農　比　民　裏　留

Q 解答方法で注意することは？

A 問題文をよく読んで答えましょう。答える部分や答え方など、問題文に指定がある場合は、必ずそれに従って答えてください。問題文の指定に合っていない答えは不正解とします。

特に、次に示す点に注意してください。

①「答えを一字書きなさい」と指定があれば「一字」のみ答える

例　問題　後の□内のひらがなを**漢字**に直して□に入れ、**四字熟語**を完成せよ。□内のひらがなは一度だけ使い、**答案用紙**に**一字記入**せよ。

新進気□　　い・えい・えん・かん

解答例　鋭……………○
　　　　気鋭…………×
　　　　新進気鋭……×

②「ひらがなで書きなさい」と指定があれば「ひらがな」で答える

例 問題 次の――線のカタカナを漢字一字と送りがな（ひらがな）に直せ。

交番で道をタズネル。

解答例 尋ねる……○　尋ネル……×

③「算用数字で書きなさい」と指定があれば「算用数字」で答える

例 問題 次の漢字の太い画のところは筆順の何画目か、算用数字（1、2、3…）で答えなさい。

若

解答例 4……○　四……×

---

④「――線の漢字の読みを書きなさい」と指定があれば「――線」部分のみ答える

例 問題 次の――線の漢字の読みをひらがなで記せ。

駅の昇降口が混雑している。

解答例 しょうこう……○　しょうこうぐち……×

⑤「――線の右に書きなさい」と指定があれば「――線の右」に記入する

例 問題 つぎの――線の漢字の読みがなを――線の右に書きなさい。

ベランダの植木に水をやる。

解答例 ベランダの植木（うえき）に水をやる。……○
ベランダの植木（うえき）に水をやる。……×

答案用紙と問題用紙は別の用紙です。
検定(けんてい)では、答えを問題用紙ではなく答案用紙に書きましょう。

試験問題	学習日	得点(とくてん)
1	月　　日	点
2	月　　日	点
3	月　　日	点
4	月　　日	点
5	月　　日	点
6	月　　日	点
7	月　　日	点
8	月　　日	点
9	月　　日	点
10	月　　日	点
11	月　　日	点
12	月　　日	点
13	月　　日	点

7級 試験問題

試験問題 1 （7級）

(一) 次の――線の**漢字の読み**を**ひらがな**で答えのらんに書きなさい。 (20) 1×20

1 外に出ると辺り一面、銀世界だった。
2 新校舎がまもなく完成する。
3 希望を持って新年をむかえた。
4 体育倉庫からとび箱を運び出す。
5 悪天候のため遠足が来週にのびた。
6 計算を最初からやり直した。
7 輪になってフォークダンスをする。
8 学級委員が黒板に議題を書く。
9 ピアノの発表会で着る服を選ぶ。

(二) 次の各組の――線の**漢字の読み**を**ひらがな**で答えのらんに書きなさい。 (10) 1×10

1 列車が海底トンネルを通る。
2 コップの底をきれいにあらう。

3 夕ぐれの通りに街灯がともる。
4 街角のコンビニで買い物をする。

5 連休に家族で遊園地へ出かけた。
6 愛犬を連れて近くの土手を歩く。

7 合唱コンクールで歌う曲を練習する。
8 試合に勝って、ばんざいを唱える。

9 バラには多くの品種がある。
10 ハムスターにヒマワリの種をやる。

(四) 次の上の漢字の**太い画**のところは**筆順の何画目**か、下の漢字の**総画数は何画**か、**算用数字**（1、2、3…）で答えなさい。 (10) 1×10

〈例〉 正 [3] 字 [6]

1 孫 6 照
2 械 7 変
3 働 8 給
4 典 9 兵
5 初 10 陸

(五) 次の漢字の読みは、**音読み**（**ア**）ですか、**訓読み**（**イ**）ですか。**記号**で答えなさい。 (20) 2×10

〈例〉 力（ちから）→ [イ]

1 置（ち）
2 建（けん）
6 鏡（かがみ）
7 仲（なか）

1

10 好きな詩をノートに書き写す。

11 引っこした友達から便りがとどいた。

12 浴室のまどを開けて風を通す。

13 親類の家へとまりに行く。

14 健康のため早ね早起きに努める。

15 おさない子が転んで泣いている。

16 会場へ向かうバスは満員だった。

17 有名な絵画が特別に公開される。

18 消防(ぼう)隊員がきびしい訓練にはげむ。

19 マラソン選手が折り返し地点を通る。

20 案ずるより産むがやすし

(三) 次の――線の**カタカナ**に合う**漢字**をえらんで答えのらんに**記号**で書きなさい。 (20) 2×10

1 昨夜は**フ**思議なゆめを見た。
(ア 府　イ 不　ウ 夫)

2 百メートル**キョウ**走は一着だった。
(ア 共　イ 強　ウ 競)

3 **リョウ**心にはじない行いをする。
(ア 良　イ 料　ウ 両)

4 **ホウ**丁でじゃがいもの皮をむいた。
(ア 法　イ 包　ウ 放)

5 学級委員を投**ヒョウ**で決める。
(ア 表　イ 標　ウ 票)

6 社会科見学で博物**カン**に行った。
(ア 館　イ 官　ウ 関)

7 テストの**ケッ**果は予想より良かった。
(ア 欠　イ 結　ウ 決)

8 花の水やりを日**カ**にしている。
(ア 課　イ 貨　ウ 加)

9 入場者数は予想**イ**上に多かった。
(ア 衣　イ 位　ウ 以)

10 電車のダイヤが**カイ**正される。
(ア 界　イ 改　ウ 械)

---

3 飯(めし)

4 軍(ぐん)

5 束(たば)

8 例(れい)

9 梅(ばい)

10 札(ふだ)

(六) 後の□の中のひらがなを漢字になおして、意味が反対や対(つい)になることば(対義(ぎ)語)を書きなさい。□の中のひらがなは**一度だけ**使い、答えのらんに**漢字一字**を書きなさい。 (10) 2×5

〈例〉室内―室[外]

平和―[1]争

人工―天[2]

有害―[3]害

平等―[4]別

先生―生[5]

さ・せん・と・ねん・む

(七) 次の——線の**カタカナ**を○**の中の漢字と送りがな**(**ひらがな**)で答えのらんに書きなさい。 (14) 2×7

〈例〉 正 **タダシイ**字を書く。 正しい

1 省 時間のむだを**ハブク**。

2 散 強風が木の葉を**チラス**。

3 必 家に帰ると**カナラズ**手をあらう。

4 固 足でふんで土を**カタメル**。

5 量 入浴後に体重を**ハカル**。

6 勇 **イサマシイ**たいこの音がひびく。

(九) 次の——線の**カタカナ**を**漢字**になおして答えのらんに書きなさい。 (16) 2×8

1 姉は外国の小**セツ**をよく読む。

2 わたしの好きな季**セツ**は春だ。

3 バスの中で**ロウ**人(じん)に席をゆずる。

4 苦**ロウ**して作品を仕上げる。

5 球根は**ヨウ**分をたくわえている。

6 話の**ヨウ**点をノートに書きとめる。

7 山あいの**セイ**流で魚をつった。

8 病気が治るまで安**セイ**にする。

(十) 次の——線の**カタカナ**を**漢字**になおして答えのらんに書きなさい。 (40) 2×20

1 空気が**ツメ**たくて、はく息が白い。

2 道に**ツ**もった雪に足あとを付ける。

3 夜空を見上げて北**キョク**星をさがす。

4 雪山の風**ケイ**を写真にとる。

5 みんなの**ワラ**い声が教室にひびく。

6 学**ゲイ**会のげきの配役を決める。

7 学級で話し合ったことを記**ロク**する。

8 正しい筆順で漢字を**オボ**える。

9 新せんな野**サイ**でサラダを作る。

7 栄港町としてサカエル。

(八) 次の部首のなかまの漢字で□にあてはまる漢字一字を、答えのらんに書きなさい。(20) 2×10

〈例〉 イ(にんべん) 体(たい)力・工作(さく)

ア リ(りっとう)
1(り)用・印 2(さつ)・3(ふく)食

イ ロ(くち)
楽 4(き)・5(しゅう)辺・6(し)会

ウ イ(にんべん)
7(てい)音・左 8(がわ)・自 9(しん)
10(でん)記

(十) 上の漢字と下の□の中の漢字を組み合わせて二字のじゅく語を二つ作り、答えのらんに記号で書きなさい。(20) 2×10

〈例〉 校 [ア門 イ学 ウ海 エ体 オ読] イ校 校ア

一、達 [ア成 イ念 ウ配 エ牧 オ飯] 1 達 達 2

二、民 [ア炭 イ陸 ウ話 エ住 オ億] 3 民 民 4

三、変 [ア起 イ身 ウ径 エ願 オ急] 5 変 変 6

四、辞 [ア祝 イ隊 ウ遊 エ票 オ典] 7 辞 辞 8

五、続 [ア研 イ行 ウ巣 エ連 オ希] 9 続 続 10

10 週マツにスキーに行く予定だ。

11 アツいお茶をゆっくり飲んだ。

12 正月に家族で神社におマイりした。

13 祖(そ)母に着物のオビをしめてもらう。

14 ヒ行機のまどから雲海が見える。

15 全国的にジ童の数がへっている。

16 大きなハタをふっておうえんする。

17 ヒットを打たれて一点ウシナった。

18 国会で大ジンが質(しつ)問に答える。

19 市議会議員の選キョが行われる。

20 ノコり物には福がある

▼解答は別冊2・3ページ

(一) 次の――線の**漢字の読み**を**ひらがな**で答えのらんに書きなさい。 (20) 1×20

1 はげしい雨が一日中ふり続く。
2 ラベンダーの良い香りがする。
3 まもなく新しい校舎(しゃ)が建つ。
4 水の温まり方を調べる実験をした。
5 悪天候のため遠足が来週にのびた。
6 図工の時間に版(はん)画を刷った。
7 遠くへ引っこす友達と別れをおしむ。
8 体育の時間に学校の周りを走る。
9 バスの中にかさを置きわすれた。

(二) 次の各組の――線の**漢字の読み**を**ひらがな**で答えのらんに書きなさい。 (10) 1×10

1 目標に向かって努力する。
2 本だなの整理整とんに努める。

3 キャプテンとしての自覚を持つ。
4 かみなりの音で目が覚めた。

5 物語は意外な結末だった。
6 二つの点を直線で結ぶ。

7 ダンスの初級のクラスに通う。
8 水族館で初めてジンベエザメを見た。

9 つかれたので家でゆっくり休養する。
10 スポーツをして体力を養う。

(四) 次の上の漢字の**太い画**のところは**筆順の何画目**か、下の漢字の総(そう)画**数は何画**か、**算用数字**（1、2、3…）で答えなさい。 (10) 1×10

〈例〉正 [3]　字 [6]

	1	2	3	4	5
上	府	節	典	録	郡

	6	7	8	9	10
下	積	億	愛	案	建

(五) 次の漢字の読みは、**音読み（ア）**ですか、**訓読み（イ）**ですか。**記号**で答えなさい。 (20) 2×10

〈例〉力(ちから) → イ

1 旗(き)
2 鏡(かがみ)
6 帯(おび)
7 巣(す)

10 シャワーの温度を調節する。
11 山の上でにぎり飯をほおばる。
12 静かな部屋で読書する。
13 日がくれて大通りに街灯がともる。
14 書店に人気作家の小説がならぶ。
15 球場は熱戦にわき返った。
16 特色ある祭りが各地で行われる。
17 新薬の副作用について説明を聞く。
18 アマガエルは体の色を変化させる。
19 材木をトラックに積んで運ぶ。
20 笑う門(かど)には福きたる

(三) 次の――線の**カタカナ**に合う**漢字**をえらんで答えのらんに**記号**で書きなさい。 (20) 2×10

1 友人の言葉を**シン**用する。
(ア 臣　イ 真　ウ 信)
2 キログラムは重さの**タン**位だ。
(ア 短　イ 単　ウ 炭)
3 とび箱を体育**ソウ**庫にかたづける。
(ア 争　イ 倉　ウ 相)
4 スカートに白いペンキが**フ**着した。
(ア 付　イ 不　ウ 夫)
5 予想**イ**上にたくさんの人が集まった。
(ア 衣　イ 位　ウ 以)
6 山あいの**セイ**流で魚つりを楽しむ。
(ア 省　イ 清　ウ 整)
7 学級の代表を**トウ**票で決める。
(ア 投　イ 灯　ウ 等)
8 合唱コンクールで**カ**題曲を歌う。
(ア 果　イ 科　ウ 課)
9 優(ゆう)勝の**エイ**光にかがやく。
(ア 英　イ 泳　ウ 栄)
10 車のエンジンを止めて**キュウ**油する。
(ア 給　イ 求　ウ 宮)

---

3 辞(じ)
4 芽(め)
5 例(れい)

8 束(そく)
9 量(りょう)
10 梨(なし)

(六) 後の□の中のひらがなを漢字になおして、意味が反対や対になることば(対義(ぎ)語)を書きなさい。□の中のひらがなは**一度だけ**使い、答えのらんに**漢字一字**を書きなさい。 (10) 2×5

〈例〉室内―室 外

不便―便 1
起立―着 2
来年―3 年
有料―4 料
欠ける―5 ちる

さく・せき・み・む・り

(七) 次の——線の**カタカナ**を○**の中の漢字と送りがな**(**ひらがな**)で答えのらんに書きなさい。 (14) 2×7

〈例〉 (正) **タダシイ**字を書く。 正しい

1 (包) きれいな紙でプレゼントを**ツツム**。

2 (冷) **ツメタイ**麦茶をコップに注ぐ。

3 (治) 子犬の病気が**ナオル**。

4 (挙) 教室で元気よく手を**アゲル**。

5 (祝) 妹の誕(たん)生日を**イワウ**。

6 (折) 赤えん筆のしんが**オレル**。

(九) 次の——線の**カタカナ**を**漢字**になおして答えのらんに書きなさい。 (16) 2×8

1 夜おそく**サイ**終のバスで帰った。

2 朝食に新せんな野**サイ**を食べる。

3 新しいビルがまもなく**カン**成する。

4 実験でビーカーと試験**カン**を使う。

5 夜空の星の動きを観**サツ**する。

6 千円**サツ**を百円玉に両がえする。

7 旅先で名**サン**のぶどうを買う。

8 姉に算数の**サン**考書をもらった。

(十) 次の——線の**カタカナ**を**漢字**になおして答えのらんに書きなさい。 (40) 2×20

1 小川のほとりにホタルが**ト**びかう。

2 寺の池に大**リン**のハスの花がさいた。

3 クラスの**ナカ**間と縄とびをする。

4 先生の号**レイ**ですばやく整列する。

5 一億の一万倍は一**チョウ**である。

6 親友のはげましの言葉が心に**ノコ**る。

7 **ミ**来の都市を想像(ぞう)して絵をかく。

8 道**トク**の時間に命について考えた。

9 食事の前に**カナラ**ず手をあらう。

7 ㊝ 母のハタラク銀行は駅前にある。

(八) 次の部首のなかまの漢字で□にあてはまる漢字一字を、答えのらんに書きなさい。 (20) 2×10

〈例〉 イ（にんべん） 体(たい)力・工作(さく)

ア 攵（のぶん・ぼくづくり）
失 1(ぱい)・2(さん)歩・3(かい)良

イ イ（にんべん）
両 4(がわ)・5(けん)康・6(か)りる

ウ 氵（さんずい）
7(ぎょ)船・8(あさ)い・入9(よく)
方10(ほう)

(十) 上の漢字と下の□の中の漢字を組み合わせて二字のじゅく語を二つ作り、答えのらんに記号で書きなさい。 (20) 2×10

〈例〉 校 ア門 イ学 ウ海 エ体 オ読　イ校・校ア

一、民 ア住 イ陸 ウ炭 エ話 オ億　1民・民2
二、共 ア返 イ公 ウ械 エ順 オ同　3共・共4
三、牧 ア求 イ速 ウ放 エ兵 オ場　5牧・牧6
四、議 ア協 イ宮 ウ員 エ便 オ隊　7議・議8
五、固 ア老 イ強 ウ灯 エ定 オ別　9固・固10

10 塩を少しクワえて味をととのえる。
11 エジソンのデン記を読み終えた。
12 あゆを炭火でヤいて食べた。
13 ハク物館で昔の機関車を見た。
14 園芸店で花のタネや球根を買う。
15 道で転んだ子どもがナきだした。
16 車が海テイトンネルを通りぬける。
17 わずか一点のサで試合に負けた。
18 畑の周りにヒクいさくを作る。
19 長いカ物列車が鉄橋をわたる。
20 スきこそ物の上手なれ

▼解答は別冊4・5ページ

(一) 次の——線の漢字の読みをひらがなで答えのらんに書きなさい。 (20) 1×20

1 川岸でホタルが飛びかっている。
2 先生の話で教室に笑いが起こった。
3 学芸会のげきの配役を決める。
4 家から学校まで徒歩で五分ほどだ。
5 日本で最も長い川の名前を調べる。
6 百メートル走で初めて一着になった。
7 図書室で外国の民話を読む。
8 交通安全をよびかける標語を作る。
9 急な用事で午後の予定を変える。

(二) 次の各組の——線の漢字の読みをひらがなで答えのらんに書きなさい。 (10) 1×10

1 校庭で一輪車に乗って遊ぶ。
2 ビーズの指輪を姉に作ってもらう。

3 次の角を左折すると目的地に着く。
4 宿題のプリントを半分に折る。

5 昨夜は三十八度の高熱が出た。
6 熱いなべにさわって指をやけどした。

7 「海の日」は国民の祝日だ。
8 妹の誕(たん)生日を家族で祝う。

9 部屋の照明を明るくする。
10 真夏の太陽が照りつける。

(四) 次の上の漢字の太い画のところは筆順の何画目か、下の漢字の総(そう)画数は何画か、算用数字（1、2、3…）で答えなさい。 (10) 1×10

〈例〉 正 3　字 6

1 協　2 梅　3 旗　4 隊　5 単

6 験　7 量　8 牧　9 郡　10 愛

(五) 次の漢字の読みは、音読み（ア）ですか、訓読み（イ）ですか。記号で答えなさい。 (20) 2×10

〈例〉 力(ちから) → イ

1 富(ふ)
2 松(まつ)

6 種(たね)
7 副(ふく)

10 茶わんと皿を区別してかたづける。

11 駅の人ごみで兄のすがたを見失う。

12 音楽隊の行進曲に合わせて入場する。

13 案内の矢印にそって館内を見学する。

14 勇ましい声を上げてみこしをかつぐ。

15 水族館ではラッコが人気の的だ。

16 公共のものを大切にする。

17 農家の人が早朝から働いている。

18 大臣が新聞記者の質(しつ)問に答える。

19 南極にはアザラシやペンギンがいる。

20 案ずるより産むがやすし

(三) 次の――線の**カタカナ**に合う**漢字**をえらんで答えのらんに**記号**で書きなさい。 (20) 2×10

1 食**キ**をテーブルにならべる。 （ア 希　イ 季　ウ 器）

2 水道**カン**の取りかえ工事が行われる。 （ア 寒　イ 管　ウ 関）

3 **キュウ**食のこんだて表を配る。 （ア 給　イ 級　ウ 求）

4 駅の**カイ**札口で待ち合わせる。 （ア 械　イ 改　ウ 開）

5 かぜが治るまで家で休**ヨウ**する。 （ア 陽　イ 要　ウ 養）

6 リーダーとしての自**カク**を持つ。 （ア 覚　イ 角　ウ 各）

7 近所に新しく**ジ**童公園ができた。 （ア 事　イ 児　ウ 辞）

8 ひまわり畑の風**ケイ**を写生する。 （ア 径　イ 形　ウ 景）

9 包**チョウ**でりんごを四つに切る。 （ア 兆　イ 丁　ウ 帳）

10 ヘリコプターが**テイ**空を飛行する。 （ア 低　イ 定　ウ 底）

---

3 菜(な)　4 戦(せん)　5 帯(おび)

8 街(まち)　9 例(れい)　10 老(ろう)

(六) 後の□の中のひらがなを漢字になおして、意味が反対や対になることば(対義(ぎ)語)を書きなさい。□の中のひらがなは**一度だけ**使い、答えのらんに**漢字一字**を書きなさい。 (10) 2×5

〈例〉室内―室 外

成功―失 1

有名― 2 名

中心― 3 辺

欠ける― 4 ちる

海路― 5 路

しゅう・ぱい・み・む・りく

(七) 次の――線のカタカナを○の中の漢字と送りがな(ひらがな)で答えのらんに書きなさい。 (14) 2×7

〈例〉 (正) タダシイ字を書く。 正しい

1 (望) 家族の幸せをノゾム。

2 (静) 部屋にシズカナ音楽が流れる。

3 (付) 洋服にボタンをツケル。

4 (固) ひもをカタク結ぶ。

5 (浴) 運動した後にシャワーをアビル。

6 (伝) 地方にツタワル昔話を聞いた。

(九) 次の――線のカタカナを漢字になおして答えのらんに書きなさい。 (16) 2×8

1 へちまのカン察日記をつける。

2 けいさつカンが交通整理をする。

3 早朝、犬をサン歩に連れていく。

4 書店で理科のサン考書を買う。

5 カ物列車が目の前を通りすぎた。

6 植木の手入れは祖(そ)父の日カだ。

7 読書感想文の下書きをセイ書する。

8 友達とけんかしたことを反セイする。

(十) 次の――線のカタカナを漢字になおして答えのらんに書きなさい。 (40) 2×20

1 海岸線にそって松林がツヅいている。

2 ツメたい水でのどをうるおす。

3 始業のチャイムが鳴ってセキに着く。

4 先生が四捨(しゃ)五入の方法をセツ明する。

5 昼休みに友達とナカ良く遊ぶ。

6 漢字辞テンで筆順をたしかめる。

7 音楽室で合ショウの練習をする。

8 となりの人に消しゴムをカりる。

9 電車の中にかさをオきわすれた。

7 争 マラソン大会で首位を**アラソウ**。

(八) 次の**部首のなかまの漢字**で□にあてはまる**漢字一字**を、答えのらんに書きなさい。 (20) 2×10

〈例〉 亻（にんべん）　[体](たい)力・工[作](さく)

ア 頁（おおがい）　親[1](るい)・先[2](とう)・念[3](がん)

イ 木（き）　[4](み)来・約[5](そく)・結[6](か)

ウ 亻（にんべん）　[7](しん)号・不[8](べん)・[9](けん)康

百[10](おく)円

(十) 上の漢字と下の□の中の漢字を組み合わせて**二字のじゅく語を二つ作り**、答えのらんに**記号**で書きなさい。 (20) 2×10

〈例〉 校　ア門 イ学 ウ海 エ体 オ読　［イ 校］［校 ア］

一、産　ア徒 イ博 ウ業 エ倉 オ特　［1 産］［産 2］

二、積　ア雪 イ面 ウ刷 エ豆 オ府　［3 積］［積 4］

三、隊　ア量 イ急 ウ械 エ長 オ軍　［5 隊］［隊 6］

四、選　ア兵 イ挙 ウ落 エ和 オ念　［7 選］［選 8］

五、変　ア不 イ望 ウ発 エ形 オ然　［9 変］［変 10］

10 決勝で負けてくやし**ナ**きをした。

11 好きなテレビ番組を**ロク**画した。

12 母がクッキーを**ヤ**いてくれた。

13 毎日、早ね早起きに**ツト**める。

14 福**イ**県の有名なお寺をたずねた。

15 **エイ**語は世界で広く使われている。

16 新聞記者が事故(こ)の様子を取**ザイ**する。

17 研究者の長年の苦**ロウ**が実った。

18 **ギョ**港の朝市は活気にあふれている。

19 この町は商業を中心として**サカ**えた。

20 **ヒツ**要は発明の母

▼解答は別冊6・7ページ

㈠ 次の――線の**漢字の読み**を**ひらがな**で答えのらんに書きなさい。 (20) 1×20

1 静かな部屋に雨音がひびく。
2 初夏の高原で自然に親しむ。
3 ひまわりが辺り一面にさいている。
4 漢字辞典の使い方を教わる。
5 図画工作の時間に版（はん）画を刷った。
6 社会科見学で科学博物館へ行った。
7 地しんにそなえてひなん訓練を行う。
8 命の大切さを改めて考える。
9 大きな鏡の前で身なりを整える。

㈡ 次の各組の――線の**漢字の読み**を**ひらがな**で答えのらんに書きなさい。 (10) 1×10

1 家具がたおれないように固定する。
2 たまごの黄身がほどよく固まる。

3 海外のニュースに関心を持つ。
4 音楽に関わる仕事につきたい。

5 弟が九九を暗唱している。
6 流れ星に願いごとを唱える。

7 照明を消して部屋を出る。
8 木々の青葉が日の光に照りはえる。

9 豆ふは大豆から作った加工食品だ。
10 スープに塩を加えて味をととのえる。

㈣ 次の上の漢字の**太い画**のところは**筆順の何画目**か、下の漢字の総（そう）画**数は何画**か、**算用数字**（1、2、3…）で答えなさい。 (10) 1×10

〈例〉 正 [3] 字 [6]

1 老
2 残
3 果
4 察
5 成
6 梅
7 陸
8 議
9 建
10 種

㈤ 次の漢字の読みは、**音読み（ア）**ですか、**訓読み（イ）**ですか。**記号**で答えなさい。 (20) 2×10

〈例〉 力（ちから） → [イ]

1 印（しるし）
2 浴（よく）
6 位（くらい）
7 松（まつ）

10 一日も欠かさずラジオ体そうをする。

11 軍手をはめて花だんの草取りをする。

12 新せんな野菜でサラダを作る。

13 おじは神奈川県に住んでいる。

14 近くの空き地に新しい家が建つ。

15 この町は港町として栄えている。

16 英語は世界の共通語といわれる。

17 地球は太陽の周りを回っている。

18 大臣の記者会見に注目が集まる。

19 泣いている妹をなぐさめた。

20 努力にまさる天才なし

(三) 次の――線の**カタカナ**に合う**漢字**をえらんで答えのらんに**記号**で書きなさい。 (20) 2×10

1 **サン**歩のとちゅうで雨がふりだした。（ア 参　イ 産　ウ 散）

2 ボールを体育**ソウ**庫にしまう。（ア 倉　イ 争　ウ 相）

3 科学者が新しい方**ホウ**で実験する。（ア 包　イ 法　ウ 放）

4 じゃがいもは寒**レイ**地でよく育つ。（ア 令　イ 例　ウ 冷）

5 **タイ**列を組んで行進する。（ア 帯　イ 隊　ウ 対）

6 バスに乗って市内を**カン**光した。（ア 観　イ 完　ウ 官）

7 今日一日の行動を**ハン**省する。（ア 飯　イ 板　ウ 反）

8 学級委員としての自**カク**を持つ。（ア 覚　イ 角　ウ 各）

9 ガソリンスタンドで車に**キュウ**油する。（ア 給　イ 急　ウ 求）

10 **ヨウ**点を読み取ってノートに書く。（ア 陽　イ 要　ウ 養）

3 初（はつ）

4 挙（きょ）

5 説（せつ）

8 愛（あい）

9 巣（す）

10 治（ち）

(六) 後の□の中のひらがなを漢字になおして、意味が反対や対になることば（対義語）を書きなさい。□の中のひらがなは**一度だけ**使い、答えのらんに**漢字一字**を書きなさい。 (10) 2×5

〈例〉室内―室[外]

平和―[1]争

有力―[2]力

年始―年[3]

欠ける―[4]ちる

病気―[5]康

けん・せん・まつ・み・む

(七) 次の——線のカタカナを○の中の漢字と送りがな(ひらがな)で答えのらんに書きなさい。 (14) 2×7

〈例〉 (正) タダシイ字を書く。 [正しい]

1 (伝) 手紙で最近の様子をツタエル。
2 (省) くふうして時間のむだをハブク。
3 (折) 角を右にオレルと駅が見える。
4 (熱) アツイふろに入った。
5 (試) 遠くからシュートをココロミル。
6 (祝) 母の誕(たん)生日を家族でイワウ。

(九) 次の——線のカタカナを漢字になおして答えのらんに書きなさい。 (16) 2×8

1 野球部のフク部長に選ばれた。
2 フク引きでカメラが当たった。
3 のどかな田園風ケイをながめる。
4 直ケイ五センチの円をかく。
5 ガラスの食キにサラダをもり付ける。
6 会場に各国の国キがはためく。
7 ガイ虫が畑の作物を食いあらす。
8 商店ガイで大売り出しが始まった。

(十) 次の——線のカタカナを漢字になおして答えのらんに書きなさい。 (40) 2×20

1 川岸をホタルがトびかう。
2 サク夜、カエルの鳴き声を聞いた。
3 キヨらかなわき水を口にふくむ。
4 学級会のシ会をまかされた。
5 園ゲイ委員が花に水やりをする。
6 運動会の徒キョウ走で一着になった。
7 ナカ良しの友達が転校した。
8 児童会の役員を投ヒョウで決める。
9 イサましい曲に合わせて行進する。

7 ⑯ 工場で多くの人が**ハタラク**。

（八）次の**部首のなかまの漢字**で□にあてはまる**漢字一字**を、答えのらんに書きなさい。 (20) 2×10

〈例〉 亻（にんべん） 体（たい）力・工作（さく）

ア ⺮（たけかんむり）
血 1（かん）・2（わら）う・3（せつ）約

イ 亻（にんべん）
4（べん）利・気5（こう）・一6（おく）人

ウ 木（きへん）
木7（ざい）・8（き）械・9（ひょう）語
北10（きょく）星

（十）上の漢字と下の□の中の漢字を組み合わせて**二字のじゅく語を二つ作り**、答えのらんに**記号**で書きなさい。 (20) 2×10

〈例〉 校 ［ア門 イ学 ウ海 エ体 オ読］ イ校 校ア

一、的 ［ア協 イ底 ウ令 エ中 オ目］ 1的 的2

二、共 ［ア公 イ同 ウ功 エ借 オ究］ 3共 共4

三、信 ［ア倉 イ労 ウ通 エ号 オ主］ 5信 信6

四、札 ［ア束 イ改 ウ博 エ案 オ柱］ 7札 札8

五、側 ［ア照 イ順 ウ両 エ対 オ面］ 9側 側10

10 教室に水とうを**オ**きわすれた。

11 姉が**ソツ**業文集を読ませてくれた。

12 早朝のジョギングを**ツヅ**ける。

13 祖（そ）母には七人の**マゴ**がいる。

14 弟が**三リン**車に乗って遊んでいる。

15 台所で魚の**ヤ**けるにおいがする。

16 母に着物の帯を**ムス**んでもらった。

17 イカの水あげで**ギョ**港がにぎわう。

18 この道路は交通**リョウ**がとても多い。

19 市の水泳大会で新記**ロク**が出た。

20 **アサ**い川も深くわたれ

▼解答は別冊8・9ページ

(一) 次の——線の**漢字の読み**を**ひらがな**で答えのらんに書きなさい。 (20) 1×20

1 ふり続いた雨がようやく上がった。
2 ツバメがえさを求めて飛んでいる。
3 七夕の短ざくに願いをこめる。
4 学級会で話し合ったことを記録する。
5 クラスの仲間と運動場で遊ぶ。
6 金属（ぞく）の温まり方を調べる実験をした。
7 社会科の学習で印刷工場を見学する。
8 学芸会のげきで王様の役をした。
9 プールサイドに太陽が照りつける。

(二) 次の各組の——線の**漢字の読み**を**ひらがな**で答えのらんに書きなさい。 (10) 1×10

1 調べた結果をノートにまとめる。
2 研究者の努力が実を結ぶ。

3 すいかに食塩をふって食べる。
4 スープに塩とこしょうを加える。

5 栄養のバランスが取れた食事をする。
6 この町は門前町として栄えている。

7 遠足は好天にめぐまれた。
8 妹はチョコレートが好きだ。

9 連休に家族でバーベキューをした。
10 町の北側になだらかな山が連なる。

(四) 次の上の漢字の**太い画**のところは**筆順の何画目**か、下の漢字の総（そう）画**数は何画**か、**算用数字**（1、2、3…）で答えなさい。 (10) 1×10

〈例〉 正 [3]　字 [6]

1 械　6 候
2 徒　7 印
3 単　8 散
4 建　9 管
5 氏　10 法

(五) 次の漢字の読みは、**音読み（ア）**ですか、**訓読み（イ）**ですか。**記号**で答えなさい。 (20) 2×10

〈例〉 力（ちから） → [イ]

1 梅（うめ）
2 建（けん）
6 城（しろ）
7 飯（めし）

10 校長先生に改まった言葉づかいで話す。
11 母は詩集を愛読している。
12 浴室のまどを開けて風を通す。
13 茶わんのふちが欠けてしまった。
14 軍手をはめて畑の草取りをする。
15 佐賀県に住む親類の家に行った。
16 生まれて初めてホームランを打った。
17 放置自転車は通行のさまたげになる。
18 会場に各国の国旗がかかげられる。
19 地下鉄の工事が順調に進む。
20 残り物には福がある

(三) 次の――線の**カタカナ**に合う**漢字**をえらんで答えのらんに**記号**で書きなさい。 (20) 2×10

1 直**ケイ**が五センチの円をかく。 (ア 計 イ 径 ウ 景)
2 **キ**節の果物が店頭にならぶ。 (ア 希 イ 季 ウ 起)
3 目の前を不**イ**にねこが横切った。 (ア 以 イ 医 ウ 意)
4 弟が九九を**アン**唱している。 (ア 暗 イ 案 ウ 安)
5 りんごの新しい品**シュ**を開発する。 (ア 主 イ 守 ウ 種)
6 昨夜の雨で川の水**リョウ**がふえた。 (ア 量 イ 料 ウ 両)
7 アマガエルは体の色を**ヘン**化させる。 (ア 辺 イ 変 ウ 返)
8 **シン**号をよく見て道路をわたる。 (ア 信 イ 身 ウ 臣)
9 昨年の夏は**レイ**年より暑かった。 (ア 例 イ 礼 ウ 令)
10 健**コウ**に気をつけて生活する。 (ア 候 イ 向 ウ 康)

3 省(せい)
4 位(くらい)
5 関(かん)

8 要(よう)
9 兵(へい)
10 菜(な)

(六) 後の□の中のひらがなを漢字になおして、意味が反対や対になることば(対義語)を書きなさい。□の中のひらがなは**一度だけ**使い、答えのらんに**漢字一字**を書きなさい。 (10) 2×5

〈例〉室内 ― 室[外]

入学 ― [1]業
成功 ― [2]敗
海路 ― [3]路
最悪 ― 最[4]
熱い ― [5]たい

しっ・そつ・つめ・りく・りょう

(七) 次の――線のカタカナを○の中の漢字と送りがな（ひらがな）で答えのらんに書きなさい。 (14) 2×7

〈例〉 (正) タダシイ字を書く。 [正しい]

1 (伝) 相手に感謝(しゃ)の気持ちをツタエル。
2 (参) 近所の神社へマイル。
3 (静) 店内にシズカナ音楽が流れる。
4 (治) 頭のいたみがオサマル。
5 (覚) 大きな物音で目をサマス。
6 (低) ひそひそとヒクイ声で話す。

(九) 次の――線のカタカナを漢字になおして答えのらんに書きなさい。 (16) 2×8

1 電車の中でロウ人(じん)に席をゆずる。
2 苦ロウして作品を仕上げる。
3 学級委員をセン挙で決める。
4 次の試合に向けて作センを練る。
5 音楽タイを先頭に行進が始まる。
6 けがをした親指に包タイをまく。
7 方言とキョウ通語について調べる。
8 百メートルキョウ走に出場する。

(十) 次の――線のカタカナを漢字になおして答えのらんに書きなさい。 (40) 2×20

1 すんだ夜空に北キョク星が光る。
2 親鳥がスの中でたまごを温める。
3 あさがおが大リンの花をつけた。
4 となりの席の人にえん筆をカりる。
5 イギリス人の先生にエイ語を教わる。
6 ゴール前の坂道をヒッ死に走った。
7 体育ソウ庫からマットを運び出す。
8 一オクを一万倍すると一兆になる。
9 夏休み中の勉強の目ヒョウを立てる。

7 折 強風で庭木のえだが**オレル**。

(八) 次の**部首のなかまの漢字**で□にあてはまる**漢字一字**を、答えのらんに書きなさい。 (20) 2×10

〈例〉 亻（にんべん） 体(たい)力・工作(さく)

ア 氵（さんずい） 1(ぎょ)業・2(まん)員・3(な)き顔

イ 木（きへん） 4(まつ)林・名5(ふだ)・6(き)会

ウ 宀（うかんむり） 7(かん)全・有8(がい)・観9(さつ)

試験10(かん)

(十) 上の漢字と下の□の中の漢字を組み合わせて**二字のじゅく語を二つ作り**、答えのらんに**記号**で書きなさい。 (20) 2×10

〈例〉 校 ア門 イ学 ウ海 エ体 オ読 （イ 校／校 ア）

一、約 ア達 イ東 ウ事 エ予 オ案 （1 約／約 2）

二、灯 ア台 イ切 ウ消 エ仲 オ内 （3 灯／灯 4）

三、録 ア勇 イ説 ウ付 エ的 オ画 （5 録／録 6）

四、辞 ア広 イ行 ウ児 エ祝 オ典 （7 辞／辞 8）

五、牧 ア草 イ放 ウ周 エ去 オ世 （9 牧／牧 10）

10 弟は水泳を習い始めて日が**アサ**い。

11 金魚ばちの**ソコ**に白い小石をしく。

12 父は毎日いそがしく**ハタラ**いている。

13 姉といっしょにクッキーを**ヤ**いた。

14 赤ちゃんの**ワラ**った顔を写真にとる。

15 ゆめではよく不思**ギ**なことが起こる。

16 おじいさんが**マゴ**に昔話を聞かせる。

17 住**ミン**が協力して公園をそうじする。

18 **アラソ**いのない平和な世界を望む。

19 日本のゆたかな自**ゼン**を大切にする。

20 雨ふって地**カタ**まる

▼解答は別冊10・11ページ

試験問題 （7級）

（一） 次の――線の**漢字の読み**を**ひらがな**で答えのらんに書きなさい。 (20) 1×20

1 はち植えのコスモスが芽を出す。
2 高原で牛や馬を放牧している。
3 夏の太陽がグラウンドに照りつける。
4 校門の前で級友と別れた。
5 漢字辞典で漢字の成り立ちを調べる。
6 原こう用紙に読書感想文を清書する。
7 たし算の答えをがい数で求める。
8 母にシャツのボタンを付けてもらう。
9 休日に野球の試合を見に行った。

（二） 次の各組の――線の**漢字の読み**を**ひらがな**で答えのらんに書きなさい。 (10) 1×10

1 実験の結果をノートにまとめる。
2 代表委員としてのせきにんを果たす。

3 身勝手な行動だったと反省する。
4 くわしいことは省いて話す。

5 悪い予感が的中してしまった。
6 的の中心をねらって矢を放つ。

7 次の角を左折すると国道に出る。
8 強風で雨がさのほねが折れた。

9 ヘリコプターが低空を飛行する。
10 花だんの周りに低いさくを作る。

（四） 次の上の漢字の**太い画**のところは**筆順の何画目**か、下の漢字の**総画**（そう）**数は何画**か、**算用数字**（1、2、3…）で答えなさい。 (10) 1×10

〈例〉正 3　字 6

1 協
2 約
3 果
4 灯
5 械

6 静
7 飛
8 飯
9 典
10 積

（五） 次の漢字の読みは、**音読み（ア）**ですか、**訓読み（イ）**ですか。**記号**で答えなさい。 (20) 2×10

〈例〉力（ちから） → イ

1 倉（くら）
2 共（とも）

6 順（じゅん）
7 富（とみ）

10 弟が一輪車に乗る練習をしている。

11 古くなった水道管を取りかえる。

12 この辺りは夜になると人通りがたえる。

13 みこしをかつぐ勇ましい声がする。

14 いなかの祖(そ)母から便りがとどいた。

15 バラには多くの品種がある。

16 朝早く漁船が沖へ向かう。

17 各地で花火大会が行われた。

18 島のゆたかな自然を守り続ける。

19 日本の選手が海外で活やくする。

20 好きこそ物の上手なれ

6

(三) 次の——線の**カタカナ**に合う**漢字**をえらんで答えのらんに**記号**で書きなさい。 (20) 2×10

1 夏物の**イ**類をたんすに入れる。
(ア 以　イ 意　ウ 衣)

2 イネの品種を**カイ**良する。
(ア 改　イ 械　ウ 開)

3 母は病院で**ケン**康しんだんを受けた。
(ア 研　イ 健　ウ 建)

4 文章を読んで**ヨウ**点をまとめる。
(ア 陽　イ 養　ウ 要)

5 ポスターの図**アン**を考える。
(ア 案　イ 安　ウ 暗)

6 ホテルのまどから港の夜**ケイ**を見る。
(ア 係　イ 径　ウ 景)

7 旅先の名**サン**品をみやげに買う。
(ア 参　イ 産　ウ 散)

8 先生の号**レイ**で急いで集合した。
(ア 令　イ 例　ウ 礼)

9 工作に使う材**リョウ**を用意する。
(ア 量　イ 両　ウ 料)

10 新幹(かん)線の**シ**定席を予約する。
(ア 司　イ 指　ウ 仕)

---

3 治(ち)

4 初(はつ)

5 借(しゃく)

8 栄(えい)

9 関(かん)

10 夫(おっと)

(六) 後の□の中のひらがなを漢字になおして、意味が反対や対(つい)になることば(対義(ぎ)語)を書きなさい。□の中のひらがなは**一度だけ**使い、答えのらんに**漢字一字**を書きなさい。 (10) 2×5

〈例〉室内—室[外]

入学—[1]業

平行—交[2]

海洋—大[3]

年始—年[4]

期待—失[5]

さ・そつ・ぼう・まつ・りく

(七) 次の——線の**カタカナ**を○**の中の漢字**と**送りがな(ひらがな)**で答えのらんに書きなさい。 (14) 2×7

〈例〉 ㊣ **タダシイ**字を書く。 [正しい]

1 (最) 日本で**モットモ**深い湖を調べる。

2 (挙) 知っている作曲家の名前を**アゲル**。

3 (争) リレーで首位を**アラソウ**。

4 (努) 早ね早起きに**ツトメル**。

5 (浅) 川の**アサイ**所で水遊びをした。

6 (覚) 鳥の鳴き声で目を**サマス**。

(九) 次の——線の**カタカナ**を**漢字**になおして答えのらんに書きなさい。 (16) 2×8

1 大豆を**カ**工(こう)して豆ふを作る。
2 うさぎの世話はぼくの日**カ**だ。

3 足のきず口に包**タイ**をまく。
4 登山**タイ**が無事に下山した。

5 使った食**キ**を給食室に運ぶ。
6 公園に四**キ**折々の花がさく。

7 千円**サツ**を百円玉に両がえした。
8 遠足のしおりを印**サツ**する。

(十) 次の——線の**カタカナ**を**漢字**になおして答えのらんに書きなさい。 (40) 2×20

1 **サク**夜は虫の声がよく聞こえた。

2 遊歩道の両**ガワ**でススキがゆれる。

3 カナダ人の先生に**エイ**語を習う。

4 校庭の木に**ス**箱を取り付ける。

5 算数で**オク**や兆の位を学習した。

6 目**ヒョウ**を立てて勉強する。

7 クラスの**ナカ**間と縄とびをする。

8 **ハク**物館できょうりゅうの化石を見る。

9 毎朝、野**サイ**ジュースを飲む。

7 ㉘ シャワーを頭から**アビル**。

(八) 次の**部首のなかまの漢字**で□にあてはまる**漢字一字**を、答えのらんに書きなさい。 (20) 2×10

〈例〉 亻(にんべん) 体(たい)力・工作(さく)

ア 木(きへん) [1](うめ)酒・[2](き)械・南[3](きょく)

イ 金(かねへん) [4](ろく)音・手[5](かがみ)・[6](ぎん)貨

ウ 宀(うかんむり) [7](かん)成・[8](がい)虫・観[9](さつ) 外交[10](かん)

(十) 上の漢字と下の□の中の漢字を組み合わせて**二字のじゅく語を二つ作り**、答えのらんに**記号**で書きなさい。 (20) 2×10

〈例〉 校 ア門 イ学 ウ海 エ体 オ読 → イ校 / 校ア

一、灯 ア勇 イ街 ウ特 エ衣 オ台 → 1灯 / 灯2

二、信 ア念 イ径 ウ参 エ通 オ度 → 3信 / 信4

三、願 ア書 イ悲 ウ残 エ孫 オ氷 → 5願 / 願6

四、失 ア然 イ置 ウ敗 エ消 オ究 → 7失 / 失8

五、達 ア育 イ功 ウ成 エ司 オ配 → 9達 / 達10

10 外から帰ったら**カナラ**ず手をあらう。

11 橋の上から夕**ヤ**(ゆう)け空をながめる。

12 赤ちゃんが大きな声で**ナ**いている。

13 よく**ヒ**えた麦茶でのどをうるおす。

14 人気作家の小**セツ**を買った。

15 古新聞をまとめて、ひもで**タバ**ねる。

16 **ハタ**をふって味方をおうえんする。

17 七夕の話は中国から**ツタ**わった。

18 **フク**作用の少ない薬の研究が進む。

19 各国の代表が集まって会**ギ**を開く。

20 **ワラ**う門(かど)には福きたる

▼解答は別冊12・13ページ

試験問題 7 （7級）

(一) 次の――線の**漢字の読み**を**ひらがな**で答えのらんに書きなさい。　(20) 1×20

1 雲の切れ間から日の光が差す。
2 学校の花だんにすみれの種をまく。
3 先生が黒板に図をかいて説明する。
4 大事なことを学級会で協議する。
5 高い鉄ぼうでさか上がりを試みる。
6 相手によく伝わるように話す。
7 ことわざの意味を辞典で調べる。
8 理科の実験で使う器具を用意する。
9 日に焼けないようにぼうしをかぶる。

(二) 次の各組の――線の**漢字の読み**を**ひらがな**で答えのらんに書きなさい。　(10) 1×10

1 飛行機が空港に着陸する。
2 かもめが海面すれすれを飛んでいる。

3 早朝に海ぞいの道を散歩する。
4 両チームが火花を散らして戦う。

5 このテレビドラマは次週で完結する。
6 ブラウスのリボンを結ぶ。

7 ねんざした足首に包帯をまく。
8 東の空が赤みを帯びてきた。

9 英会話の初級のクラスに通う。
10 二学期の初めに席がえをする。

(四) 次の上の漢字の**太い画**のところは**筆順の何画目**か、下の漢字の総(そう)**画数は何画**か、**算用数字**（1、2、3…）で答えなさい。　(10) 1×10

〈例〉 正 [3]　字 [6]

1 隊　2 牧　3 戦　4 産　5 帯

6 飯　7 録　8 岡　9 標　10 望

(五) 次の漢字の読みは、**音読み**（**ア**）ですか、**訓読み**（**イ**）ですか。**記号**で答えなさい。　(20) 2×10

〈例〉 力(ちから) → [イ]

1 争(そう)　2 失(しっ)

6 倉(くら)　7 卒(そつ)

10 パソコンでメールを受信する。
11 かるたの札が一まい欠けている。
12 チームはおしくも決勝で敗れた。
13 ごみを分別して指定された日に出す。
14 母のふる里から梨がとどく。
15 太陽の光を利用して発電する。
16 食の安全に対する国民の関心が高い。
17 列車のダイヤが改正された。
18 駅前の放置自転車はこまった問題だ。
19 外交官になって世界で活やくする。
20 目は心の鏡

(三) 次の——線の**カタカナ**に合う**漢字**をえらんで答えのらんに**記号**で書きなさい。 (20) 2×10

1 話の**ヨウ**点をノートにまとめる。 (ア 養　イ 陽　ウ 要)
2 算数で広さの単**イ**を学習する。 (ア 以　イ 位　ウ 衣)
3 漁**コウ**にさんまが水あげされた。 (ア 候　イ 港　ウ 好)
4 母は駅前の百**カ**店をよく利用する。 (ア 貨　イ 加　ウ 課)
5 がけくずれのため道路が**フ**通になる。 (ア 府　イ 夫　ウ 不)
6 主食と**フク**食のバランスを考える。 (ア 副　イ 福　ウ 服)
7 係員が席まで**アン**内してくれた。 (ア 安　イ 暗　ウ 案)
8 学級の代表が号**レイ**をかける。 (ア 令　イ 例　ウ 礼)
9 熱が出たので安**セイ**にして休む。 (ア 整　イ 静　ウ 清)
10 テレビの**リョウ**理番組を見る。 (ア 両　イ 量　ウ 料)

---

3 末(すえ)
4 節(ふし)
5 参(さん)

8 街(まち)
9 底(そこ)
10 的(てき)

(六) 後の□の中のひらがなを漢字になおして、意味が反対や対(つい)になることば(対義語(ぎ))を書きなさい。□の中のひらがなは**一度だけ**使い、答えのらんに**漢字一字**を書きなさい。 (10) 2×5

〈例〉室内—室[外]

病気—[1]康
先生—生[2]
深い—[3]い
有害—[4]害
人工—自[5]

あさ・けん・ぜん・と・む

(七) 次の――線のカタカナを○の中の漢字と送りがな(ひらがな)で答えのらんに書きなさい。 (14) 2×7

〈例〉 (正) タダシイ字を書く。 正しい

1 (続) おだやかな晴天の日がツヅク。

2 (覚) かんたんな英単語をオボエル。

3 (熱) 父はアツイコーヒーを飲む。

4 (建) ながめの良い高台に家をタテル。

5 (最) モットモ好きな教科は社会科だ。

6 (連) 買い物客がレジにツラナル。

(九) 次の――線のカタカナを漢字になおして答えのらんに書きなさい。 (16) 2×8

1 物差しで円の直ケイをはかる。

2 海岸の風ケイを写真にとる。

3 水道カンの取りかえ工事が始まる。

4 へちまの育つ様子をカン察する。

5 庭園に四キ折々の花がさく。

6 競技(ぎ)場に各国の国キがはためく。

7 合ショウコンクールで課題曲を歌う。

8 部屋のショウ明器具を新しくする。

(十) 次の――線のカタカナを漢字になおして答えのらんに書きなさい。 (40) 2×20

1 庭園に有名なマツの木がある。

2 大リンのキクの花が見事にさいた。

3 教室にみんなのワラい声がひびく。

4 ツメたい麦茶をコップに注ぐ。

5 長方形の面セキを求める。

6 作品を仕上げるのに苦ロウした。

7 学ゲイ会のげきで王子の役をする。

8 地球のミ来をテーマに絵をかく。

9 サク年の優(ゆう)勝校と一回戦で当たった。

7 付むねに名札を**ツケル**。

(八) 次の**部首のなかまの漢字**で□にあてはまる**漢字一字**を、答えのらんに書きなさい。(20) 2×10

〈例〉 亻(にんべん) 体(たい)力・工作(さく)

ア 亻(にんべん)
[1](なか)間・[2](てい)音・[3](か)りる

イ 心(こころ)
残[4](ねん)・[5](かん)覚・[6](あい)読書

ウ 辶(しんにょう・しんにゅう)
周[7](へん)・[8](せん)手・[9](つい)求
配[10](たつ)

(十) 上の漢字と下の□の中の漢字を組み合わせて**二字のじゅく語を二つ作り**、答えのらんに**記号**で書きなさい。(20) 2×10

〈例〉 校 [ア門 イ学 ウ海 エ体 オ読] イ校 校ア

一、老 [ア県 イ犬 ウ長 エ側 オ例] 1老 老2

二、約 [ア束 イ目 ウ末 エ周 オ予] 3約 約4

三、固 [ア定 イ強 ウ械 エ詩 オ児] 5固 固6

四、果 [ア法 イ育 ウ望 エ物 オ結] 7果 果8

五、変 [ア挙 イ案 ウ身 エ急 オ億] 9変 変10

10 みやげに**シオ**味のせんべいを買った。

11 朝日を**ア**びながらジョギングする。

12 赤ちゃんが大きな声で**ナ**きだした。

13 にぎり飯に**ウメ**ぼしを入れる。

14 ねる前に**カナラ**ず火の元をたしかめる。

15 平和を**ネガ**って千羽づるを折る。

16 北**キョク**星は北の方角の目印になる。

17 すぐれた国王が国を**オサ**める。

18 寺のふすま絵が**トク**別に公開される。

19 橋の開通を**イワ**う式典が行われた。

20 **ド**力(りょく)にまさる天才なし

▼解答は別冊14・15ページ

(一) 次の――線の漢字の読みをひらがなで答えのらんに書きなさい。 (20) 1×20

1 さわやかな秋晴れの日が続く。
2 キンモクセイのいい香りがする。
3 手を挙げて自分の考えを発表する。
4 理科の実験で使う器具を用意する。
5 算数のテストは案外やさしかった。
6 教室の照明が明るくなった。
7 道徳の時間に平和について話し合う。
8 二つの長方形の面積をくらべる。
9 みんなで校内の美化に努める。

(二) 次の各組の――線の漢字の読みをひらがなで答えのらんに書きなさい。 (10) 1×10

1 友達と公園で遊ぶ約束をした。
2 長いかみの毛を一つに束ねる。

3 お客様に失礼のないようにする。
4 祭りの人ごみで姉を見失った。

5 ゴールを目指して必死に走った。
6 ねる前に必ず戸じまりをする。

7 調べた結果をノートにまとめる。
8 研究者の努力が実を結ぶ。

9 遠足のしおりを印刷する。
10 北極星を目印にして北へ進む。

(四) 次の上の漢字の太い画のところは筆順の何画目か、下の漢字の総画数は何画か、算用数字（1、2、3…）で答えなさい。 (10) 1×10

〈例〉正 3 字 6

1 底
2 然
3 隊
4 兆
5 努

6 徒
7 課
8 働
9 械
10 管

(五) 次の漢字の読みは、音読み（ア）ですか、訓読み（イ）ですか。記号で答えなさい。 (20) 2×10

〈例〉力（ちから）→ イ

1 便（べん）
2 倉（くら）

6 巣（す）
7 臣（しん）

10 鏡の前で身なりを整える。
11 日曜日に親類の家へ遊びに行く。
12 分別したごみを指定の曜日に出す。
13 ハイキングは好天にめぐまれた。
14 特大の花火が夜空をいろどる。
15 おばは滋賀県に住んでいる。
16 博物館でマンモスの化石を見た。
17 スポーツを通して強い体と心を養う。
18 地球は太陽の周りを回っている。
19 日本で最も大きい湖はびわ湖である。
20 帯に短したすきに長し

(三) 次の——線の**カタカナ**に合う**漢字**をえらんで答えのらんに**記号**で書きなさい。 (20) 2×10

1 仲間のはげましで**ユウ**気がわいた。(ア 勇 イ 有 ウ 由)
2 夜空の星の動きを**カン**察する。(ア 官 イ 観 ウ 完)
3 父から漢字辞**テン**の引き方を教わった。(ア 転 イ 店 ウ 典)
4 **ケン**康に気をつけて生活する。(ア 験 イ 健 ウ 研)
5 海でつった魚を**リョウ**理する。(ア 両 イ 量 ウ 料)
6 気球が**テイ**空を飛んでいる。(ア 低 イ 定 ウ 底)
7 **ホウ**丁できゅうりを輪切りにする。(ア 法 イ 包 ウ 方)
8 次の角を右**セツ**すると大通りに出る。(ア 切 イ 折 ウ 説)
9 台風のため電車が**フ**通になった。(ア 府 イ 夫 ウ 不)
10 マカロニを熱**トウ**でゆでる。(ア 湯 イ 灯 ウ 登)

3 治(じ)
4 省(しょう)
5 鹿(しか)

8 関(せき)
9 的(てき)
10 梅(うめ)

(六) 後の□の中のひらがなを漢字になおして、意味が反対や対(つい)になることば(対義(ぎ)語)を書きなさい。□の中のひらがなは**一度だけ**使い、答えのらんに**漢字一字**を書きなさい。 (10) 2×5

〈例〉室内—室[外]

中心—周[1]
平等—[2]別
有名—[3]名
主食—[4]食
年始—年[5]

さ・ふく・へん・まつ・む

(七) 次の――線の**カタカナ**を○の中の**漢字と送りがな（ひらがな）**で答えのらんに書きなさい。 (14) 2×7

〈例〉 正 **タダシイ**字を書く。 正しい

1 唱 弟が九九を何度も**トナエル**。

2 借 友達にコンパスを**カリル**。

3 選 旅先でみやげ物を**エラブ**。

4 静 館内に**シズカナ**音楽が流れる。

5 加 新しいチームに**クワワル**。

6 冷 **ツメタイ**水を飲む。

(九) 次の――線の**カタカナ**を**漢字**になおして答えのらんに書きなさい。 (16) 2×8

1 **エイ**語の学習に力を入れる。

2 優(ゆう)勝の**エイ**光にかがやく。

3 木に付いた**ガイ**虫を取りのぞく。

4 商店**ガイ**へ母と買い物に行った。

5 選手がスタートの**イ**置につく。

6 夏物の**イ**服をたんすにしまう。

7 書店で社会科の**サン**考書をさがす。

8 ぶどうはこの地方の特**サン**品だ。

(十) 次の――線の**カタカナ**を**漢字**になおして答えのらんに書きなさい。 (40) 2×20

1 はげしい雨の音で目が**サ**めた。

2 秋から冬へと季**セツ**がうつる。

3 わたり鳥の**ム**れが湖にまいおりる。

4 かぜをひいたので学校を**ケッ**席した。

5 半**ケイ**三センチの円をかく。

6 **キュウ**食にビーフシチューが出た。

7 算数で**オク**や兆の大きな数を習う。

8 **ヨウ**点をまとめてから話す。

9 夕飯のおかずはさばの塩**ヤ**きだった。

7 試 連続さか上がりをココロミル。

(八) 次の部首のなかまの漢字で□にあてはまる漢字一字を、答えのらんに書きなさい。 (20) 2×10

〈例〉 亻(にんべん) 体(たい)力・工作(さく)

ア 攵(のぶん・ぼくづくり)
勝 1(はい)・2(さん)歩・3(ほう)牧

イ 艹(くさかんむり)
発 4(が)・曲 5(げい)・6(さい)園

ウ 氵(さんずい)
7(ぎょ)港・遠 8(あさ)・9(せい)書
10(まん)足

(十) 上の漢字と下の□の中の漢字を組み合わせて二字のじゅく語を二つ作り、答えのらんに記号で書きなさい。 (20) 2×10

〈例〉 校 [ア門 イ学 ウ海 エ体 オ読] イ校 校ア

一、初 [ア細 イ標 ウ歩 エ理 オ最] 1初 初2
二、固 [ア強 イ夫 ウ考 エ体 オ切] 3固 固4
三、願 [ア不 イ悲 ウ臣 エ氷 オ望] 5願 願6
四、民 [ア卒 イ住 ウ宿 エ孫 オ児] 7民 民8
五、信 [ア念 イ主 ウ努 エ自 オ札] 9信 信10

10 妹のワラった顔を写真にとる。
11 気持ちを手紙に書いてツタえる。
12 列車から海岸のマツ林が見えた。
13 ナいている赤ちゃんをあやす。
14 ハタをふって味方をおうえんする。
15 地区の野球大会で決勝にノコった。
16 明日にも台風が九州に上リクする。
17 開業百周年の駅が注目をアびる。
18 道路の両ガワに商店がならんでいる。
19 「文化の日」は国民のシュク日だ。
20 苦は楽のタネ

▼解答は別冊16・17ページ

8

(一) 次の——線の**漢字の読み**を**ひらがな**で答えのらんに書きなさい。 (20) 1×20

1 夜空に満天の星がかがやく。

2 清流にそった山道を歩く。

3 宮城県に住む友人に手紙を書く。

4 電車の中にかさを置きわすれた。

5 早ね早起きをするよう努める。

6 バレエの発表会で花束をもらう。

7 歯のいたみがようやく治まった。

8 手を挙げて自分の考えをのべる。

9 たし算の答えをがい数で求める。

(二) 次の各組の——線の**漢字の読み**を**ひらがな**で答えのらんに書きなさい。 (10) 1×10

1 はち植えのバラが一輪さいた。

2 校庭で輪になっておどる。

3 キャンプに必要な物をそろえる。

4 外出時は必ず戸じまりをする。

5 水族館でめずらしい熱帯魚を見た。

6 夜明け前に東の空が赤みを帯びる。

7 落ち着いて冷静に行動する。

8 冷めたシチューを温め直す。

9 書店で社会科の参考書を買う。

10 家族で神社にお参りした。

(四) 次の上の漢字の**太い画**のところは**筆順の何画目**か、下の漢字の**総**(そう)**画数は何画**か、**算用数字**（1、2、3…）で答えなさい。 (10) 1×10

〈例〉 正 3 字 6

1 底

2 要

3 争

4 阪

5 単

6 博

7 録

8 連

9 管

10 観

(五) 次の漢字の読みは、**音読み（ア）**ですか、**訓読み（イ）**ですか。**記号**で答えなさい。 (20) 2×10

〈例〉 力（ちから） → イ

1 夫（おっと）

2 祝（しゅく）

6 的（てき）

7 借（しゃく）

10 一日の気温の変わり方を調べる。

11 いかだで川を下る体験をした。

12 放課後に運動場で縄とびをする。

13 百メートル走で新記録が出た。

14 おしくも得(とく)点の機会を失う。

15 新聞記者が事件(けん)を取材する。

16 自然のエネルギーを発電に活用する。

17 この町は商業を中心に栄えてきた。

18 オリンピックはスポーツの祭典だ。

19 日本の文化を海外に伝える。

20 念には念を入れよ

(三) 次の――線の**カタカナ**に合う**漢字**をえらんで答えのらんに**記号**で書きなさい。 (20) 2×10

1 **キュウ**食当番がおかずを配る。 (ア 求　イ 給　ウ 級)

2 さいふから千円**サツ**を取り出す。 (ア 札　イ 刷　ウ 察)

3 ラジオの音**リョウ**を上げる。 (ア 料　イ 漁　ウ 量)

4 連休は天**コウ**にめぐまれた。 (ア 好　イ 向　ウ 候)

5 少年野球のチームに**カ**入する。 (ア 加　イ 果　ウ 貨)

6 児童会の役員を投**ヒョウ**で選ぶ。 (ア 標　イ 票　ウ 表)

7 市のマラソン大会で**カン**走した。 (ア 官　イ 管　ウ 完)

8 かべに本だなを固**テイ**する。 (ア 低　イ 定　ウ 底)

9 電気や水を**セツ**約して使う。 (ア 節　イ 折　ウ 説)

10 日本は四**キ**の変化に富んでいる。 (ア 希　イ 旗　ウ 季)

---

3 松(まつ)

4 熊(くま)

5 兵(へい)

8 仲(なか)

9 覚(かく)

10 飯(めし)

(六) 後の□の中のひらがなを漢字になおして、意味が反対や対(つい)になることば(対義(ぎ)語)を書きなさい。□の中のひらがなは**一度だけ**使い、答えのらんに**漢字一字**を書きなさい。 (10) 2×5

〈例〉室内―室[外]

有名―[1]名

明日―[2]日

深い―[3]い

病気―健[4]

勝利―[5]北

あさ・こう・さく・はい・む

(七) 次の――線の**カタカナ**を○**の中の漢字と送りがな（ひらがな）**で答えのらんに書きなさい。 (14) 2×7

〈例〉 ㊣ **タダシイ**字を書く。 正しい

1 ㊵包 品物をふろしきに**ツツム**。
2 ㊵静 **シズカナ**部屋で勉強する。
3 ㊵加 仲間の会話に**クワワル**。
4 ㊵熱 感動してむねが**アツク**なる。
5 ㊵試 他の方法を**ココロミル**。
6 ㊵養 考える力を**ヤシナウ**。

(九) 次の――線の**カタカナ**を**漢字**になおして答えのらんに書きなさい。 (16) 2×8

1 走者がスタートの**イ**置につく。
2 たんすの中の**イ**類を整理する。
3 合**ショウ**コンクールで入賞（しょう）した。
4 部屋の**ショウ**明を明るくする。
5 犬を連れて**サン**歩に出かける。
6 旅先で特**サン**品の梨を買う。
7 計算の速さを友達と**キョウ**争する。
8 天体望遠**キョウ**で土星を見た。

(十) 次の――線の**カタカナ**を**漢字**になおして答えのらんに書きなさい。 (40) 2×20

1 秋晴れのさわやかな日が**ツヅ**く。
2 海上をかもめが群れて**ト**ぶ。
3 世界が平和であるように**ネガ**う。
4 牛肉に**シオ**とこしょうで味付けする。
5 シャワーを**ア**びてあせを流す。
6 父は町内会の**フク**会長をしている。
7 妹の**ワラ**い顔を写真にとった。
8 観光バスのまど**ガワ**の席にすわる。
9 読めない漢字に**シルシ**を付ける。

7 焼魚の**ヤケル**においがする。

(八) 次の**部首のなかまの漢字**で□にあてはまる**漢字一字**を、答えのらんに書きなさい。 (20) 2×10

〈例〉 亻(にんべん) 体(たい)力・工作(さく)

ア 彳(ぎょうにんべん)
半 1(けい)・生 2(と)・道 3(とく)心

イ 口(くち)
4(し)会・5(しゅう)辺・消火 6(き)

ウ 艹(くさかんむり)
手 7(げい)・野 8(さい)・新 9(め)
10(えい)会話

(十) 上の漢字と下の□の中の漢字を組み合わせて**二字のじゅく語を二つ作り**、答えのらんに**記号**で書きなさい。 (20) 2×10

〈例〉 校 ア門 イ学 ウ海 エ体 オ読 → イ校 / 校ア

一、景 ア働 イ予 ウ夜 エ老 オ気 → 1 景 / 景 2
二、良 ア改 イ陸 ウ結 エ心 オ送 → 3 良 / 良 4
三、初 ア以 イ夏 ウ橋 エ械 オ最 → 5 初 / 初 6
四、愛 ア功 イ親 ウ読 エ洋 オ単 → 7 愛 / 愛 8
五、議 ア員 イ筆 ウ然 エ協 オ兆 → 9 議 / 議 10

10 二つの長方形の面**セキ**をくらべる。
11 先生の号**レイ**ですばやく集合する。
12 級友にはげまされて**ユウ**気が出た。
13 図書館を**タ**てかえる工事が始まる。
14 日がくれて街**トウ**がともる。
15 アナウンサーが**キョウ**通語で話す。
16 高原で牛や馬を放**ボク**していた。
17 米の新しい品**シュ**を開発する。
18 決勝**セン**に多くの観客が集まった。
19 画家が苦心の**スエ**に作品を仕上げる。
20 **ノコ**り物には福がある

▼解答は別冊18・19ページ

9

(一) 次の――線の**漢字の読み**を**ひらがな**で答えのらんに書きなさい。 (20) 1×20

1 妹の七五三を祝って神社に参る。
2 今夜は気温がかなり低くなるそうだ。
3 図書館は駅の北側に位置している。
4 学級会で決まったことを記録する。
5 昼休みに縄とびの練習をした。
6 手を挙げてわからないことを質(しつ)問する。
7 辞典で言葉の意味を調べる。
8 読書を通して想像(ぞう)力を養う。
9 後ろから不意によび止められた。

(二) 次の各組の――線の**漢字の読み**を**ひらがな**で答えのらんに書きなさい。 (10) 1×10

1 英会話の初級のクラスに通う。
2 計算テストで初めて百点を取った。

3 牛乳(にゅう)を加工してバターを作る。
4 九に五を加えると十四になる。

5 スーパーが近くて買い物に便利だ。
6 転校した友人から便りがとどいた。

7 自分の欠点に気づく。
8 かるたの札が一まい欠けている。

9 先生のはげましで勇気がわいた。
10 勇ましいかけ声と共にみこしが通る。

(四) 次の上の漢字の**太い画**のところは**筆順の何画目**か、下の漢字の**総(そう)画数は何画**か、**算用数字**（1、2、3…）で答えなさい。 (10) 1×10

〈例〉 正 [3] 字 [6]

1 府
2 果
3 種
4 億
5 陸

6 副
7 典
8 案
9 態
10 機

(五) 次の漢字の読みは、**音読み**（**ア**）ですか、**訓読み**（**イ**）ですか。**記号**で答えなさい。 (20) 2×10

〈例〉 力(ちから) → [イ]

1 的(まと)
2 老(ろう)

6 照(しょう)
7 芽(め)

10 けんかした弟と仲直りをする。
11 家族全員で節水を心がける。
12 日曜日に近くの児童公園で遊ぶ。
13 衣服を整理してたんすにしまう。
14 はるか沖に船が見える。
15 観光地に向かう電車は満員だった。
16 日本の食文化を海外に伝える。
17 競技場に出場国の旗をかかげる。
18 チームの要となって活やくする。
19 マラソン大会が各地で開かれる。
20 努力にまさる天才なし

(三) 次の――線の**カタカナ**に合う**漢字**をえらんで答えのらんに**記号**で書きなさい。 (20) 2×10

1 家庭**サイ**園でにんじんを育てる。 （ア 最　イ 菜　ウ 祭）
2 天体望遠**キョウ**で土星を見た。 （ア 協　イ 共　ウ 鏡）
3 半**ケイ**四センチの円をノートにかく。 （ア 景　イ 形　ウ 径）
4 科学者が新しい方**ホウ**で実験を行う。 （ア 法　イ 放　ウ 包）
5 タカアシガニが海**テイ**を歩く。 （ア 庭　イ 底　ウ 低）
6 体育**ソウ**庫からマットを運び出す。 （ア 送　イ 相　ウ 倉）
7 目**ヒョウ**を立てて勉強に取り組む。 （ア 標　イ 票　ウ 表）
8 **エイ**養のバランスを考えて食事をとる。 （ア 英　イ 栄　ウ 泳）
9 合**ショウ**コンクールで歌う曲が決まる。 （ア 章　イ 唱　ウ 松）
10 カメレオンは体の色を**ヘン**化させる。 （ア 変　イ 返　ウ 辺）

---

3 塩（えん）
4 岡（おか）
5 成（せい）

8 側（がわ）
9 末（すえ）
10 芸（げい）

(六) 後の□の中のひらがなを漢字になおして、意味が反対や対になることば(対義語)を書きなさい。□の中のひらがなは**一度だけ**使い、答えのらんに**漢字一字**を書きなさい。 (10) 2×5

〈例〉室内―室[外]

起立―着[1]
中心―[2]辺
来年―[3]年
先生―生[4]
熱い―[5]たい

さく・しゅう・せき・つめ・と

(七) 次の——線のカタカナを○の中の漢字と送りがな(ひらがな)で答えのらんに書きなさい。 (14) 2×7

〈例〉 (正) **タダシイ**字を書く。 [正しい]

1 (結) かみの毛にリボンを**ムスブ**。

2 (静) **シズカナ**部屋で勉強する。

3 (焼) パンの**ヤケル**においがする。

4 (固) 日本代表の勝利を**カタク**信じる。

5 (治) 歯のいたみが**オサマル**。

6 (働) 母の**ハタラク**会社は駅前にある。

(九) 次の——線のカタカナを漢字になおして答えのらんに書きなさい。 (16) 2×8

1 ハンバーグは兄の**コウ**物だ。

2 病院で健**コウ**しんだんを受ける。

3 ねんざした足首に包**タイ**をまく。

4 音楽**タイ**のえんそうが始まる。

5 夜ふかしをしたことを反**セイ**する。

6 原こう用紙に作文を**セイ**書した。

7 テレビの音**リョウ**を上げる。

8 イネの品種改**リョウ**が進む。

(十) 次の——線のカタカナを漢字になおして答えのらんに書きなさい。 (40) 2×20

1 さわやかな晴天の日が**ツヅ**く。

2 湖面に白鳥の**ム**れがおり立つ。

3 風がふいてイチョウの葉が**チ**る。

4 学級会の**シ**会をつとめる。

5 図書室で高山植物の本を**カ**りた。

6 物語の最後の場面が心に**ノコ**った。

7 平方メートルは面**セキ**の単位だ。

8 校庭で一**リン**車に乗って遊ぶ。

9 友人と三時に会う約**ソク**をした。

7 ㊀覚 毎朝、七時ごろに目を**サマス**。

(八) 次の部首のなかまの漢字で□にあてはまる漢字一字を、答えのらんに書きなさい。 (20) 2×10

〈例〉 亻（にんべん） 体（たい）力・工作（さく）

ア 言（ごんべん） 小[1]（せつ）・会[2]（ぎ）・[3]（か）題

イ 辶（しんにょう・しんにゅう） [4]（れん）休・[5]（せん）挙・発[6]（たつ）

ウ 宀（うかんむり） [7]（かん）全・水[8]（がい）・器[9]（かん） 観[10]（さつ）

(十) 上の漢字と下の□の中の漢字を組み合わせて**二字のじゅく語を二つ作り**、答えのらんに**記号**で書きなさい。 (20) 2×10

〈例〉 校 ［ア門 イ学 ウ海 エ体 オ読］ イ校・校ア

一、産 ［ア名 イ信 ウ港 エ業 オ関］ [1]産・産[2]

二、漁 ［ア辞 イ大 ウ博 エ訓 オ船］ [3]漁・漁[4]

三、失 ［ア消 イ材 ウ敗 エ想 オ改］ [5]失・失[6]

四、録 ［ア置 イ画 ウ郡 エ客 オ付］ [7]録・録[8]

五、衣 ［ア功 イ順 ウ類 エ白 オ柱］ [9]衣・衣[10]

10 にぎり飯に**ウメ**ぼしを入れる。

11 ピアノの発表会で、はく手を**ア**びた。

12 **アサ**い川でザリガニをとった。

13 姉は色紙で上手につるを**オ**る。

14 庭で二ひきの**アイ**犬がじゃれ合う。

15 おばあさんが**マゴ**とお手玉をしている。

16 **ヒ**行機のまどから雲海が見える。

17 船が**トウ**台の光をたよりに進む。

18 トキは国の特別天**ネン**記念物だ。

19 **セン**争のない平和な世界をきずく。

20 **ナ**く子は育つ

▼解答は別冊20・21ページ

㈠ 次の――線の**漢字の読み**を**ひらがな**で答えのらんに書きなさい。 (20) 1×20

1 かきの木に実が一つ残っている。
2 わたり鳥の群れが夕空を飛ぶ。
3 開校記念の式典が行われた。
4 文章を読んで百字以内に要約する。
5 先生が例を挙げてくわしく説明する。
6 半紙に筆先を静かに下ろす。
7 図書館の建てかえ工事が始まった。
8 学級委員を投票によって決める。
9 昼休みに縄とびをして遊んだ。

㈡ 次の各組の――線の**漢字の読み**を**ひらがな**で答えのらんに書きなさい。 (10) 1×10

1 地下鉄が開通して便利になった。
2 旅先のおばから便りがとどく。

3 明日は国語の授業の参観がある。
4 長い石だんを上がって神社に参る。

5 今度の週末は晴れるそうだ。
6 ぼくは三人兄弟の末っ子だ。

7 入学の願書をていねいに書く。
8 願いごとがようやくかなった。

9 女の子が三輪車に乗って遊んでいる。
10 愛犬に赤い首輪をつけた。

㈣ 次の上の漢字の**太い画**のところは**筆順の何画目**か、下の漢字の**総画数は何画か**、**算用数字**（1、2、3…）で答えなさい。 (10) 1×10

〈例〉 正 [3] 字 [6]

1 昨　2 祝　3 底　4 兆　5 億

6 岡　7 愛　8 察　9 印　10 機

㈤ 次の漢字の読みは、**音読み**（**ア**）ですか、**訓読み**（**イ**）ですか。**記号**で答えなさい。 (20) 2×10

〈例〉 力（ちから）→ [イ]

1 飯（めし）
2 欠（けつ）
6 塩（しお）
7 覚（かく）

10 熱い ココアを飲んで体を温める。
11 衣類を整理してたんすに入れる。
12 デパートで手芸用品の売り場をさがす。
13 老いた犬が日だまりでねむっている。
14 決勝で敗れてくやしい思いをした。
15 大雨のため各地で交通がみだれる。
16 新商品の売れ行きは順調だ。
17 ゆたかな自然をみんなで大切にする。
18 練習の成果が試合にあらわれる。
19 オリンピック会場に国旗があがる。
20 ちりも積もれば山となる

(三) 次の――線の**カタカナ**に合う**漢字**をえらんで答えのらんに**記号**で書きなさい。 (20) 2×10

1 **ホウ**丁でりんごの皮をむく。
(ア 放　イ 包　ウ 法)

2 校内にある**ショウ**火器の点検(けん)をする。
(ア 松　イ 商　ウ 消)

3 **ソウ**庫に新米を運び入れる。
(ア 想　イ 争　ウ 倉)

4 今年の冬は**レイ**年にくらべて寒い。
(ア 例　イ 礼　ウ 令)

5 庭園に四**キ**折々の花がさく。
(ア 起　イ 季　ウ 希)

6 病気が治るまで家で静**ヨウ**する。
(ア 養　イ 洋　ウ 陽)

7 強い**シン**念を持って計画を実行する。
(ア 臣　イ 進　ウ 信)

8 家庭**サイ**園でトマトを育てる。
(ア 菜　イ 祭　ウ 最)

9 母がししゅうの図**アン**を考えている。
(ア 安　イ 案　ウ 暗)

10 **カ**物列車が鉄橋をわたる。
(ア 課　イ 貨　ウ 化)

3 茨(いばら)
4 億(おく)
5 札(ふだ)

8 変(へん)
9 散(さん)
10 仲(なか)

(六) 後の□の中のひらがなを漢字になおして、意味が反対や対(つい)になることば(対義(ぎ)語)を書きなさい。□の中のひらがなは**一度だけ**使い、答えのらんに**漢字一字**を書きなさい。 (10) 2×5

〈例〉室内―室 外

起立―着 1
平等―2 別
深い―3 い
決定―4 定
失敗―成 5

あさ・こう・さ・せき・み

11

(七) 次の――線のカタカナを○の中の漢字と送りがな(ひらがな)で答えのらんに書きなさい。 (14) 2×7

〈例〉 (正) タダシイ字を書く。 正しい

1 (結) 運動ぐつのひもをムスブ。
2 (固) 優(ゆう)勝を心にカタクちかう。
3 (試) 新しい方法で実験をココロミル。
4 (続) 小説のツヅキが早く読みたい。
5 (帯) 魚市場が活気をオビル。
6 (養) 毎日走って体力をヤシナウ。

(九) 次の――線のカタカナを漢字になおして答えのらんに書きなさい。 (16) 2×8

1 キョウ通の話題に会話がはずむ。
2 百メートルキョウ走で一位になった。
3 商店ガイの店でぼうしを買った。
4 作物に付いたガイ虫を取りのぞく。
5 夕食の材リョウをそろえる。
6 道具を使いやすく改リョウする。
7 妹のコウ物はいちご大福だ。
8 悪天コウで試合が中止になった。

(十) 次の――線のカタカナを漢字になおして答えのらんに書きなさい。 (40) 2×20

1 朝夕の気温がヒクくなってきた。
2 月の光が湖面をテらす。
3 児童会の話し合いでシ会をつとめる。
4 キュウ食当番がおかずを配る。
5 理科で電池のハタラきを学習した。
6 合ショウコンクールで課題曲を歌う。
7 積キョク的に手を挙げて発言する。
8 道トクの時間に命の大切さを学んだ。
9 色づいた里山の風ケイを写真にとる。

7 努 学力の向上に**ツトメル**。

（八） 次の**部首のなかまの漢字**で□にあてはまる**漢字一字**を、答えのらんに書きなさい。 (20) 2×10

〈例〉 イ（にんべん） 体(たい)力・工作(さく)

ア 辶（しんにょう・しんにゅう）
周 [1](へん)・[2](れん)休・上[3](たつ)

イ ⺮（たけかんむり）
血[4](かん)・[5](わら)う・[6](せつ)分

ウ 氵（さんずい）
[7](ぎょ)船・入[8](よく)・[9](まん)足
[10](せい)流

（十） 上の漢字と下の□の中の漢字を組み合わせて**二字のじゅく語を二つ作り**、答えのらんに**記号**で書きなさい。 (20) 2×10

〈例〉 校　ア門 イ学 ウ海 エ体 オ読　→ イ校・校ア

一、種　ア刷 イ目 ウ博 エ品 オ区　[1]種・種[2]

二、側　ア面 イ世 ウ両 エ類 オ約　[3]側・側[4]

三、順　ア不 イ塩 ウ旗 エ最 オ路　[5]順・順[6]

四、隊　ア秒 イ労 ウ長 エ軍 オ巣　[7]隊・隊[8]

五、辞　ア広 イ祝 ウ行 エ児 オ典　[9]辞・辞[10]

10 貝がらを集めて**ヒョウ**本を作る。

11 **ロク**画していたアニメを見る。

12 ヒヤシンスの球根が**メ**を出した。

13 古紙をまとめて、ひもで**タバ**ねる。

14 **カガミ**の前で服そうを整える。

15 村に**ツタ**わる風習について聞く。

16 この町は門前町として**サカ**えてきた。

17 **エイ**語は世界で広く使われている。

18 有望な新人がチームに**クワ**わった。

19 屋上にヘリコプターが着**リク**する。

20 **ヤ**け石に水

▼解答は別冊22・23ページ

(一) 次の――線の**漢字の読み**を**ひらがな**で答えのらんに書きなさい。 (20) 1×20

1 はるか遠くに美しい雪山が連なる。
2 寒くて指先の感覚がにぶくなる。
3 月の光が湖面を照らしている。
4 季節の果物が店頭にならぶ。
5 先生から出された課題に取り組む。
6 休みの日に友達と仲良く遊んだ。
7 作文を原こう用紙に清書する。
8 計算テストは案外むずかしかった。
9 体育倉庫からマットを運び出す。

(二) 次の各組の――線の**漢字の読み**を**ひらがな**で答えのらんに書きなさい。 (10) 1×10

1 勇気を出して意見をのべた。
2 勇ましい行進曲に合わせて歩く。

3 スーパーが近くて買い物に便利だ。
4 旅行中の兄から便りがとどく。

5 電車のダイヤが改正された。
6 目上の人への言葉づかいを改める。

7 地しんにそなえて家具を固定する。
8 固くしぼったタオルで顔をふく。

9 かぜ気味なので安静にしてすごす。
10 静かな部屋で読書をする。

(四) 次の上の漢字の**太い画**のところは**筆順の何画目**か、下の漢字の**総画数は何画**か、**算用数字**（1、2、3…）で答えなさい。 (10) 1×10

〈例〉正 3　字 6

1 以　2 軍　3 械　4 辞　5 建

6 鏡　7 昨　8 郡　9 働　10 類

(五) 次の漢字の読みは、**音読み（ア）**ですか、**訓読み（イ）**ですか。**記号**で答えなさい。 (20) 2×10

〈例〉力（ちから） → イ

1 城（しろ）
2 共（とも）

6 種（たね）
7 兵（へい）

10 富山県に住む親類の家に行った。
11 カーテンを開けて朝日を浴びる。
12 水族館で色あざやかな熱帯魚を見た。
13 早ね早起きするように努める。
14 花束に黄色のリボンを結ぶ。
15 漢字は中国から日本に伝わった。
16 オリンピックで選手がメダルを争う。
17 放置自転車は通行のさまたげになる。
18 記者が大臣をかこんで取材をする。
19 寺のふすま絵が特別に公開された。
20 ちりも積もれば山となる

(三)

次の――線の**カタカナ**に合う**漢字**をえらんで答えのらんに**記号**で書きなさい。 (20) 2×10

1 工場に新しい**キ**械が運びこまれる。
（ア 機　イ 期　ウ 希）
2 優勝の**エイ**光にかがやく。
（ア 英　イ 泳　ウ 栄）
3 **シン**号が青に変わるのを待つ。
（ア 真　イ 信　ウ 身）
4 落石のため道路が**フ**通になった。
（ア 府　イ 不　ウ 夫）
5 海外のニュースに**カン**心を持つ。
（ア 完　イ 管　ウ 関）
6 宿題をわすれたことを反**セイ**する。
（ア 省　イ 成　ウ 整）
7 空港で手荷物の重**リョウ**をはかる。
（ア 料　イ 両　ウ 量）
8 包**チョウ**でりんごを四つに切る。
（ア 兆　イ 丁　ウ 帳）
9 姉が百人一首を暗**ショウ**している。
（ア 照　イ 章　ウ 唱）
10 畑に野**サイ**のなえを植える。
（ア 菜　イ 最　ウ 祭）

---

3 無む
4 産さん
5 敗はい

8 末すえ
9 治ち
10 輪わ

(六)

後の□の中のひらがなを漢字になおして、意味が反対や対になることば(対義語)を書きなさい。□の中のひらがなは**一度だけ**使い、答えのらんに**漢字一字**を書きなさい。 (10) 2×5

〈例〉室内―室[外]

海洋―大[1]
平行―交[2]
病気―健[3]
入学―[4]業
期待―[5]望

こう・さ・しつ・そつ・りく

(七) 次の――線の**カタカナ**を○の中の**漢字と送りがな**(**ひらがな**)で答えのらんに書きなさい。 (14) 2×7

〈例〉 正 **タダシイ**字を書く。 正しい

1 挙 わかりやすい例を**アゲル**。

2 戦 勝利を目指して全力で**タタカウ**。

3 試 新しい方法で実験を**ココロミル**。

4 清 谷川の**キヨイ**流れに手をひたす。

5 必 ねる前に**カナラズ**歯をみがく。

6 冷 雨にぬれて体のしんまで**ヒエル**。

(九) 次の――線の**カタカナ**を**漢字**になおして答えのらんに書きなさい。 (16) 2×8

1 よごれた**イ**服をせんたくする。

2 地図で駅の**イ**置をたしかめる。

3 日がくれて気温が**テイ**下した。

4 海**テイ**火山のふん火で島ができた。

5 植木に付いた**ガイ**虫を取りのぞく。

6 商店**ガイ**の書店で参考書を買った。

7 児童会の役員を投**ヒョウ**で決める。

8 目**ヒョウ**を立てて勉強にはげむ。

(十) 次の――線の**カタカナ**を**漢字**になおして答えのらんに書きなさい。 (40) 2×20

1 **マツ**のえだに雪が積もっている。

2 北**キョク**星で北の方角をたしかめる。

3 鳥が羽を大きく広げて**ト**び立つ。

4 社会科見学で**ハク**物館に行く。

5 先生の号**レイ**ですばやく整列する。

6 図書館で小説を三さつ**カ**りた。

7 明るい**ワラ**い声が教室にひびく。

8 国語辞**テン**でことわざの意味を調べる。

9 神社に参って家族の幸福を**ネガ**う。

7 ㊗ 弟の誕生日を家族で**イワウ**。

(八) 次の**部首のなかまの漢字**で□にあてはまる**漢字一字**を、答えのらんに書きなさい。 (20) 2×10

〈例〉 亻(にんべん) 体力・工作

ア 艹(くさかんむり) 園 1 ・ 2 労・発 3

イ 口(くち) 4 会・食 5 ・ 6 辺

ウ 氵(さんずい) 7 船・ 8 い・ 9 員 10 き声

(十) 上の漢字と下の□の中の漢字を組み合わせて**二字のじゅく語を二つ作り**、答えのらんに**記号**で書きなさい。 (20) 2×10

〈例〉 校 [ア門 イ学 ウ海 エ体 オ読] イ校 校ア

一、約 [ア束 イ輪 ウ予 エ果 オ州] 1 約 約 2

二、節 [ア径 イ関 ウ陽 エ孫 オ水] 3 節 節 4

三、養 [ア便 イ休 ウ落 エ分 オ念] 5 養 養 6

四、録 [ア音 イ去 ウ官 エ刷 オ付] 7 録 録 8

五、要 [ア初 イ民 ウ点 エ必 オ課] 9 要 要 10

10 父は万年筆を**アイ**用している。
11 鉄ぼうで連**ゾク**さか上がりをする。
12 植物園の木に名**フダ**がかかっている。
13 母といっしょにクッキーを**ヤ**いた。
14 薬の**フク**作用について説明を受ける。
15 球場の**カン**客席はすべてうまった。
16 有力な新人がチームに**クワ**わった。
17 駅伝**キョウ**走の選手が坂道を走る。
18 人工衛星の打ち上げに成**コウ**する。
19 国際会議場に各国の**ハタ**がならぶ。
20 **トウ**台もと暗し

▼解答は別冊24・25ページ

（一）

次の——線の**漢字の読み**を**ひらがな**で答えのらんに書きなさい。

(20) 1×20

1 梅のつぼみが開き始めた。

2 すんだ夜空に無数の星が光る。

3 クラスのみんなで千羽づるを折る。

4 読書感想文を原こう用紙に清書する。

5 かん電池の働きについて学習した。

6 転校した友達に手紙を書く。

7 今日の給食に魚のフライが出た。

8 日本各地の特産物について調べる。

9 らんぼうな言葉づかいを改める。

（二）

次の各組の——線の**漢字の読み**を**ひらがな**で答えのらんに書きなさい。

(10) 1×10

1 水族館で美しい熱帯魚を見た。

2 着物の帯をしっかりと結ぶ。

3 書道教室で毛筆の初歩を習う。

4 初めて見た流氷に感動した。

5 全国大会に三年連続して出場した。

6 遠くになだらかな山が連なる。

7 市長が成人式で祝辞をのべる。

8 妹の誕(たん)生日をみんなで祝う。

9 バスの中で老人に席をゆずった。

10 老いた愛犬が庭にねそべっている。

（四）

次の上の漢字の**太い画**のところは**筆順の何画目**か、下の漢字の総(そう)画数は何画か、**算用数字**（1、2、3…）で答えなさい。

(10) 1×10

〈例〉 正 [3]　字 [6]

1 低
2 席
3 隊
4 旗
5 無

6 挙
7 改
8 街
9 康
10 特

（五）

次の漢字の読みは、**音読み（ア）**ですか、**訓読み（イ）**ですか。**記号**で答えなさい。

(20) 2×10

〈例〉 力(ちから) → [イ]

1 縄(なわ)
2 輪(りん)

6 静(しず)
7 辺(へん)

10 新潟県に住む祖父母に会いに行く。

11 温かい野菜スープを飲む。

12 ヒマワリの種をハムスターにやる。

13 兄は児童会の会長に選ばれた。

14 薬をぬると、かゆみが治まった。

15 夕ぐれの通りに街灯がともる。

16 住民が協力して公園のそうじをする。

17 熊があなの中で冬ごもりをする。

18 駅前に新しいホテルが建つ予定だ。

19 決勝まで順調に勝ち進んだ。

20 好きこそ物の上手なれ

(三) 次の――線の**カタカナ**に合う**漢字**をえらんで答えのらんに**記号**で書きなさい。 (20) 2×10

1 円の直**ケイ**を物差しではかる。 (ア 径　イ 景　ウ 軽)

2 部屋の**ショウ**明が少し暗い。 (ア 唱　イ 勝　ウ 照)

3 説明文を読んで**ヨウ**点をまとめる。 (ア 養　イ 要　ウ 洋)

4 **セン**争のない平和な世界を願う。 (ア 選　イ 線　ウ 戦)

5 試験**カン**を使って実験をする。 (ア 館　イ 管　ウ 関)

6 **ホウ**丁でじゃがいもの皮をむく。 (ア 放　イ 包　ウ 法)

7 いたみが治まるまで安**セイ**にする。 (ア 省　イ 静　ウ 整)

8 学級会で**シ**会をつとめる。 (ア 司　イ 試　ウ 氏)

9 テレビの音**リョウ**を下げる。 (ア 料　イ 良　ウ 量)

10 不**イ**に声をかけられておどろく。 (ア 意　イ 位　ウ 以)

3 富(とみ)

4 飯(はん)

5 英(えい)

8 末(すえ)

9 鏡(きょう)

10 芽(め)

(六) 後の□の中のひらがなを漢字になおして、意味が反対や対になることば(対義語)を書きなさい。□の中のひらがなは**一度だけ**使い、答えのらんに**漢字一字**を書きなさい。 (10) 2×5

〈例〉室内―室[外]

人工―天[1]

海路―[2]路

期待―[3]望

泣く―[4]う

先生―生[5]

しつ・と・ねん・りく・わら

13

(七) 次の――線のカタカナを○の中の漢字と送りがな(ひらがな)で答えのらんに書きなさい。 (14) 2×7

〈例〉 (正) タダシイ字を書く。 [正しい]

1 (望) 家族の幸せをノゾム。

2 (群) まいたパンくずに小鳥がムレル。

3 (必) 家に帰るとカナラズ手をあらう。

4 (束) 古い新聞紙をタバネル。

5 (熱) 父は食後にアツイお茶を飲む。

6 (栄) 商業の中心地としてサカエル。

(九) 次の――線のカタカナを漢字になおして答えのらんに書きなさい。 (16) 2×8

1 キョウ通の話題で会話がもり上がる。

2 百メートルキョウ走で一着になる。

3 けいさつカンに道をたずねる。

4 カン光バスで古都の名所をめぐる。

5 目ヒョウを立てて勉強に取り組む。

6 児童会の役員を投ヒョウで決める。

7 休日の朝に公園をサン歩する。

8 書店で理科のサン考書を買う。

(十) 次の――線のカタカナを漢字になおして答えのらんに書きなさい。 (40) 2×20

1 夜になってかなりヒえこんできた。

2 屋根に雪がうっすらとツもる。

3 新しい校舎(しゃ)がまもなくカン成する。

4 クラスのナカ間とドッジボールをする。

5 体育ソウ庫にとび箱をかたづける。

6 図工の時間に小鳥のス箱を作った。

7 ぼくのモットも好きな教科は算数だ。

8 学校にかさをオきわすれた。

9 タ(ゆう)ヤけで西の空が赤くそまる。

7 覚 顔をあらってねむ気をサマス。

(八) 次の部首のなかまの漢字で□にあてはまる漢字一字を、答えのらんに書きなさい。 (20) 2×10

〈例〉 亻（にんべん）　体（たい）力・工作（さく）

ア 氵（さんずい）
（まん）1 月・大 2（りょう）・海水 3（よく）

イ 刂（りっとう）
（ふく）4 業・勝 5（り）・印 6（さつ）

ウ 力（ちから）
（か）7 工・8（ど）力・苦 9（ろう）
（いさ）10 ましい

(十) 上の漢字と下の□の中の漢字を組み合わせて二字のじゅく語を二つ作り、答えのらんに記号で書きなさい。 (20) 2×10

〈例〉 校　ア門 イ学 ウ海 エ体 オ読　イ校　校ア

一、灯　ア童 イ季 ウ電 エ卒 オ台　1 灯　灯 2

二、給　ア兆 イ練 ウ配 エ油 オ孫　3 給　給 4

三、信　ア返 イ郡 ウ度 エ放 オ念　5 信　信 6

四、側　ア早 イ面 ウ切 エ両 オ固　7 側　側 8

五、変　ア身 イ急 ウ類 エ央 オ臣　9 変　変 10

10 金魚ばちのソコに白い石をしく。

11 ピアノを習い始めてまだ日がアサい。

12 家族旅行でとまる民宿を予ヤクする。

13 シオやこしょうで味をととのえる。

14 つなわたりの曲ゲイに息をのむ。

15 ボク場で乗馬の体験をした。

16 近くの神社でセツ分の豆まきがある。

17 南キョクにはペンギンがすんでいる。

18 長いカ物列車がトンネルをぬける。

19 建築（ちく）用のザイ木をトラックで運ぶ。

20 ノコり物には福がある

▼解答は別冊26・27ページ

（一） 次の――線の**漢字の読み**を**ひらがな**で書きなさい。 （20） 1×20

1 海辺のキャンプ場にテントを張る。
2 遊園地は想像以上に楽しかった。
3 春から夏へと季節が移り変わる。
4 試合は息づまるような接戦となった。
5 オランダの国王夫妻が来日する。
6 期待に応えられるよう努力する。
7 友達に赤えん筆を貸してあげた。
8 国民には税金をおさめる義務がある。
9 とうげまで険しい山道が続く。

（二） 次の――線の**カタカナ**を○**の中の漢字と送りがな（ひらがな）**で書きなさい。 （10） 2×5

〈例〉（投） ボールを**ナゲル**。 投げる

1 （招） 親しい友人を家に**マネク**。
2 （再） 雨が**フタタビ**ふり出した。
3 （構） 四番打者がバットを**カマエル**。
4 （快） **ココロヨイ**風を受けて散歩する。
5 （耕） くわで畑を**タガヤス**。

（三） 次の漢字の**部首名**と**部首**を書きなさい。**部首名**は、後の□から選んで**記号**で答えなさい。 （10） 1×10

〈例〉 花・茶 （ア）（艹）
部首名 部首

（四） 次の漢字の**太い画**のところは**筆順の何画目か**、また**総画数は何画か**、**算用数字**（1、2、3…）で答えなさい。 （10） 1×10

〈例〉 投 何画目（5） 総画数（7）

	何画目	総画数
能	（1）	（2）
織	（3）	（4）
眼	（5）	（6）
複	（7）	（8）
版	（9）	（10）

10 昨年の一月と七月の降水量を比べる。
11 父は学生時代の旧友に会いに行った。
12 まどのたてと横の長さを測る。
13 学校で読書に関する調査が行われた。
14 リズムや音程に気をつけて合唱する。
15 適切な例を挙げて説明した。
16 ピアニストを志して留学する。
17 感謝の気持ちを手紙に書く。
18 赤くなったサクランボを採った。
19 個性的な色づかいの絵画を見た。
20 三人寄ればもんじゅのちえ

	部首名	部首
因・囲	（1）	（2）
際・防	（3）	（4）
管・築	（5）	（6）
判・刊	（7）	（8）
厚・原	（9）	（10）

ア くさかんむり　イ こざとへん
ウ くにがまえ　エ のぶん ぼくづくり
オ がんだれ　カ りっしんべん
キ りっとう　ク たけかんむり
ケ もんがまえ　コ まだれ

(五) 漢字を二字組み合わせたじゅく語では、二つの漢字の間に意味の上で、次のような関係があります。　(20) 2×10

ア 反対や対になる意味の字を組み合わせたもの。　（例…**上下**）
イ 同じような意味の字を組み合わせたもの。　（例…**森林**）
ウ 上の字が下の字の意味を説明（修飾）しているもの。　（例…**海水**）
エ 下の字から上の字へ返って読むと意味がよくわかるもの。　（例…**消火**）

次の**じゅく語**は、右のア～エのどれにあたるか、**記号**で答えなさい。

1 増減
2 球技
3 得失
4 断水
5 居住

6 求職
7 護身
8 往復
9 停止
10 国境

(六) 次のカタカナを漢字になおし、一字だけ書きなさい。 (20) 2×10

1 ギャク効果
2 リク海空
3 低血アツ
4 ヒ公開
5 平キン的
6 液ジョウ化
7 ユ入品
8 ショウ明書
9 無制ゲン
10 貿エキ港

(七) 後の□の中のひらがなを漢字になおして、対義語(意味が反対や対になることば)と、類義語(意味がよくにたことば)を書きなさい。□の中のひらがなは一度だけ使い、漢字一字を書きなさい。 (20) 2×10

対義語

共同 ― 単(1)

(八) 上の読みの漢字を□の中から選び、( )にあてはめてじゅく語を作りなさい。答えは記号で書きなさい。 (12) 2×6

エイ	キ
(1)星・(2)遠 運(3)	(4)本・(5)付 (6)制

ア 営　イ 寄　ウ 規　エ 泳
オ 栄　カ 紀　キ 永　ク 希
ケ 期　コ 英　サ 基　シ 衛

(九) 漢字の読みには音と訓があります。次のじゅく語の読みは□の中のどの組み合わせになっていますか。ア〜エの記号で答えなさい。 (20) 2×10

ア 音と音　イ 音と訓
ウ 訓と訓　エ 訓と音

1 桜色(さくらいろ)
6 火災(かさい)

(十) 次の――線のカタカナを漢字になおしなさい。 (40) 2×20

1 水玉もようのヌノでふくろを作る。
2 竹を組んで朝顔のつるをササえる。
3 ヒサしぶりによい天気になった。
4 観光客のダンタイがバスに乗りこむ。
5 とび箱をイキオいよくとびこす。
6 セイケツなふきんで食器をふく。
7 小説をムチュウになって読んだ。
8 コウシャの二階に図工室がある。
9 クヌギのミキにかぶと虫が集まる。

希望―（2）望

禁止―許（3）

子孫―先（4）

修理―破（5）

か・ぜつ・ぞ・そん・どく

類義語

用意―（6）備

目的―目（7）

体験―（8）験

残金―残（9）

生産―製（10）

がく・けい・じゅん・ぞう・ひょう

2 建設（けんせつ）

3 手相（てそう）

4 枝先（えださき）

5 仕事（しごと）

7 綿雲（わたぐも）

8 暴力（ぼうりょく）

9 両側（りょうがわ）

10 指図（さしず）

(十) 次の――線の**カタカナ**を**漢字**になおしなさい。 (18) 2×9

1 家族そろって夕（ゆう）**ハン**を食べる。

2 事件の**ハン**人がつかまった。

3 台形やひし形の面**セキ**を求める。

4 理科の成**セキ**が上がった。

5 目覚まし時計が**ナ**る前に起きた。

6 新しい土地での生活に**ナ**れてきた。

7 **ドウ**は熱をよく伝える金属だ。

8 コーチに平泳ぎの指**ドウ**を受ける。

9 食**ドウ**で焼きそばを注文する。

10 話の**ナイヨウ**が十分に理解できた。

11 旅行先で名物の**エキベン**を買った。

12 **サンソ**がなければ人は生きられない。

13 自由研究のテーマを何にするか**マヨ**う。

14 学芸会の劇（げき）で**エン**じる役を決める。

15 **ビジュツ**館で日本画をかん賞する。

16 台風の**ゲンザイ**の位置を確かめる。

17 商店街が買い物客で**コンザツ**する。

18 雨の休日は音楽を聞いて**ス**ごす。

19 米の品種改良に情熱を**モ**やす。

20 **アマ**り物には福がある

▼解答は別冊28・29ページ

6級

漢検

日本漢字能力検定　答案用紙

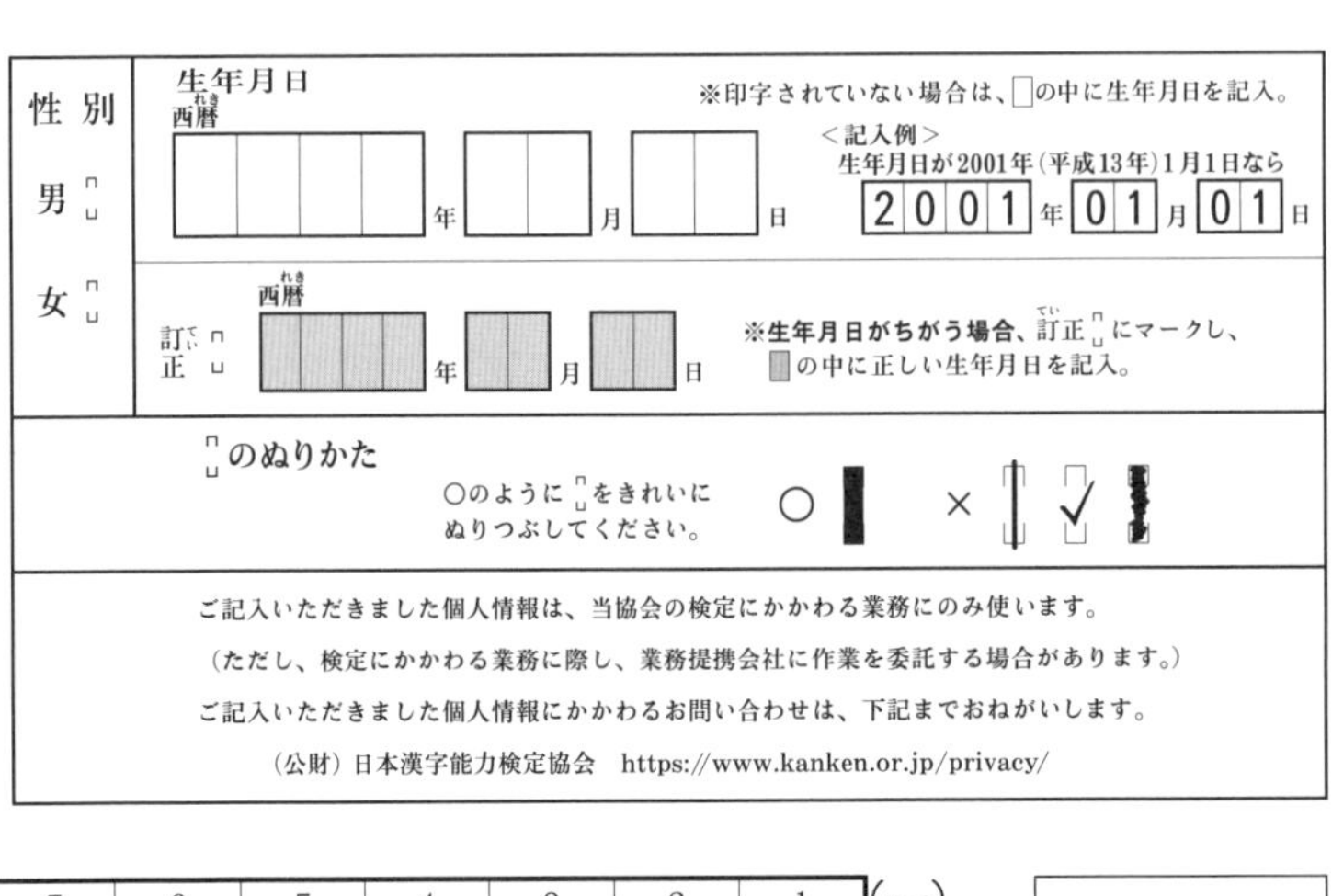
性別
男
女
生年月日
西暦
年　月　日
※印字されていない場合は、□の中に生年月日を記入。
<記入例>
生年月日が2001年（平成13年）1月1日なら
2001年01月01日
訂正
西暦
年　月　日
※生年月日がちがう場合、訂正□にマークし、□の中に正しい生年月日を記入。
□のぬりかた
○のように□をきれいにぬりつぶしてください。
ご記入いただきました個人情報は、当協会の検定にかかわる業務にのみ使います。

（ただし、検定にかかわる業務に際し、業務提携会社に作業を委託する場合があります。）

ご記入いただきました個人情報にかかわるお問い合わせは、下記までおねがいします。

（公財）日本漢字能力検定協会　https://www.kanken.or.jp/privacy/

注意点がうらにありますので、よく読んで答えてください。

答えはすべてこの用紙に記入してください。

この用紙はおりまげたり、よごしたりしないでください。

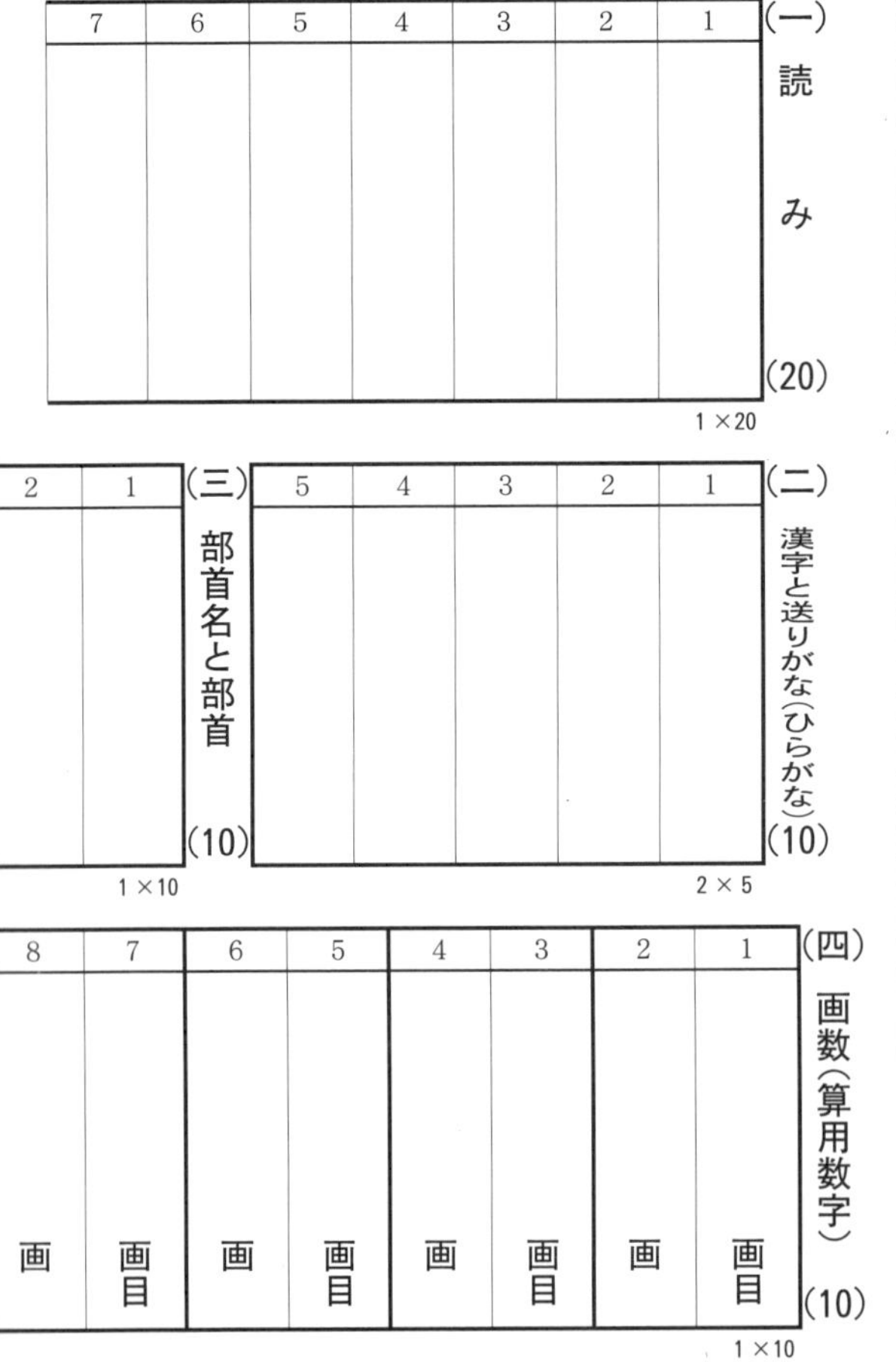
（一）読み（20）1×20
1	2	3	4	5	6	7

（二）漢字と送りがな（ひらがな）（10）2×5
1	2	3	4	5

（三）部首名と部首（10）1×10
1	2

（四）画数（算用数字）（10）1×10
1	2	3	4	5	6	7	8
画目	画	画目	画	画目	画	画目	画

会場番号

0 1 2 3 4 5 6 7 8 9

会場名

受検番号

0 1 2 3 4 5 6 7 8 9

氏名

※印字されていない場合は氏名を記入。

ふりがな

訂正

※氏名がちがう場合、右上の訂正にマークし、正しい氏名を記入。

20	19	18	17	16	15	14	13	12	11	10	9	8

10	9	8	7	6	5	4	3

(五) じゅく語(記号) (20)

10	9	8	7	6	5	4	3	2	1

2 ×10

10	9
画	画目

(六) 三字のじゅく語(一字)(20)

1	2	3	4	5	6	7	8	9	10

2×10

(七) 対義語・類義語(一字)(20)

1	2

2×10

(八) じゅく語作り(記号)(12)

1	2	3	4	5	6

2×6

(九) 音と訓(記号)(20)

1	2	3	4	5	6	7	8	9	10

2×10

(十) 同じ読みの漢字(18)

1

2×9

(十一) 漢字(40)

1	2	3	4	5	6	7	8	9	10	11	12	13

2×20

しないでください。答えが書けなくてもかならず出してください。

字は誤(ご)答となることがありますので、ご注意ください。

〔注 意 点〕

① 答えはすべてこの用紙に書きなさい。
② あいずがあるまで、はじめてはいけません。（時間は**60分**です。）
③ 問題についてのせつめいはありませんので、問題をよく読んでから答えを書きなさい。
④ 答えは、ＨＢ・Ｂ・２Ｂのえんぴつまたはシャープペンシルで書きなさい。
（ボールペンや万年筆などは使わないこと）
⑤ 答えは、**楷書**でわく内いっぱいに**大きくはっきり**書きなさい。
とくに漢字の**書きとり問題**では**はねるところ・とめるところ**など、はっきり書きなさい。
行書体や草書体のようにくずした字や、らんざつな字は答えとしてみとめられません。

〈つづけて書いてはいけないところ〉
例 ○糸－×糸・○灬－×灬・○口－×口

△合否にかかわる問い合わせにはいっさいお答えできません。
（公財）日本漢字能力検定協会

10	9	8	7	6	5	4	3

9	8	7	6	5	4	3	2

20	19	18	17	16	15	14

これより下は記入しないこと。

年度 0 1 2 3 4 5 6 7 8 9
回 0 1 2 3 4 5 6 7 8 9
日程 A B C D E F G H I J
N O P Q R S T U V W
級 0 1 2 3 4 5 6 7 8 9

この用紙はおりまげたり、よごしたり

らんざつな字や、うすくて読みにくい

常用漢字表　付表（熟字訓・当て字など）

＊小・中・高：小学校・中学校・高等学校のどの時点で学習するかの割り振りを示した。

※以下に挙げられている語を構成要素の一部とする熟語に用いてもかまわない。

例「河岸（かし）」→「魚河岸（うおがし）」／「居士（こじ）」→「一言居士（いちげんこじ）」

付表1

語	読み	小	中	高
明日	あす	●		
小豆	あずき		●	
海女・海士	あま			●
硫黄	いおう		●	
意気地	いくじ		●	
田舎	いなか		●	
息吹	いぶき			●
海原	うなばら		●	
乳母	うば		●	
浮気	うわき			●
浮つく	うわつく		●	
笑顔	えがお		●	
叔父・伯父	おじ		●	
大人	おとな	●		
乙女	おとめ		●	
叔母・伯母	おば		●	
お巡りさん	おまわりさん		●	
お神酒	おみき			●
母屋・母家	おもや			●
母さん	かあさん	●		
神楽	かぐら			●
河岸	かし			●
鍛冶	かじ		●	
風邪	かぜ		●	
固唾	かたず		●	
仮名	かな		●	
蚊帳	かや			●
為替	かわせ		●	
河原・川原	かわら	●		
昨日	きのう	●		
今日	きょう	●		
果物	くだもの	●		
玄人	くろうと			●
今朝	けさ	●		
景色	けしき	●		
心地	ここち		●	

語	読み	小	中	高
居士	こじ			●
今年	ことし	●		
早乙女	さおとめ		●	
雑魚	ざこ			●
桟敷	さじき			●
差し支える	さしつかえる		●	
五月	さつき		●	
早苗	さなえ		●	
五月雨	さみだれ		●	
時雨	しぐれ		●	
尻尾	しっぽ		●	
竹刀	しない		●	
老舗	しにせ		●	
芝生	しばふ		●	
清水	しみず	●		
三味線	しゃみせん		●	
砂利	じゃり		●	

語	読み	小	中	高
数珠	じゅず			●
上手	じょうず	●		
白髪	しらが		●	
素人	しろうと			●
師走	しわす(しはす)			●
数寄屋・数奇屋	すきや			●
相撲	すもう		●	
草履	ぞうり		●	
山車	だし			●
太刀	たち		●	
立ち退く	たちのく		●	
七夕	たなばた	●		
足袋	たび		●	
稚児	ちご			●
一日	ついたち	●		
築山	つきやま			●
梅雨	つゆ		●	

語	読み	小	中	高
凸凹	でこぼこ		●	
手伝う	てつだう	●		
伝馬船	てんません			●
投網	とあみ			●
父さん	とうさん	●		
十重二十重	とえはたえ			●
読経	どきょう			●
時計	とけい	●		
友達	ともだち	●		
仲人	なこうど			●
名残	なごり		●	
雪崩	なだれ		●	
兄さん	にいさん	●		
姉さん	ねえさん	●		
野良	のら			●
祝詞	のりと			●
博士	はかせ	●		

語	読み	小	中	高
二十・二十歳	はたち		●	
二十日	はつか	●		
波止場	はとば		●	
一人	ひとり	●		
日和	ひより		●	
二人	ふたり	●		
二日	ふつか	●		
吹雪	ふぶき		●	
下手	へた	●		
部屋	へや	●		
迷子	まいご	●		
真面目	まじめ	●		
真っ赤	まっか	●		
真っ青	まっさお	●		
土産	みやげ		●	
息子	むすこ		●	
眼鏡	めがね	●		

語	読み	小	中	高
猛者	もさ			●
紅葉	もみじ		●	
木綿	もめん		●	
最寄り	もより		●	
八百長	やおちょう			●
八百屋	やおや	●		
大和	やまと		●	
弥生	やよい		●	
浴衣	ゆかた			●
行方	ゆくえ		●	
寄席	よせ			●
若人	わこうど		●	

付表2

語	読み	小	中	高
愛媛	えひめ	●		
茨城	いばらき	●		
岐阜	ぎふ	●		
鹿児島	かごしま	●		
滋賀	しが	●		
宮城	みやぎ	●		
神奈川	かながわ	●		
鳥取	とっとり	●		
大阪	おおさか	●		
富山	とやま	●		
大分	おおいた	●		
奈良	なら	●		

都道府県名

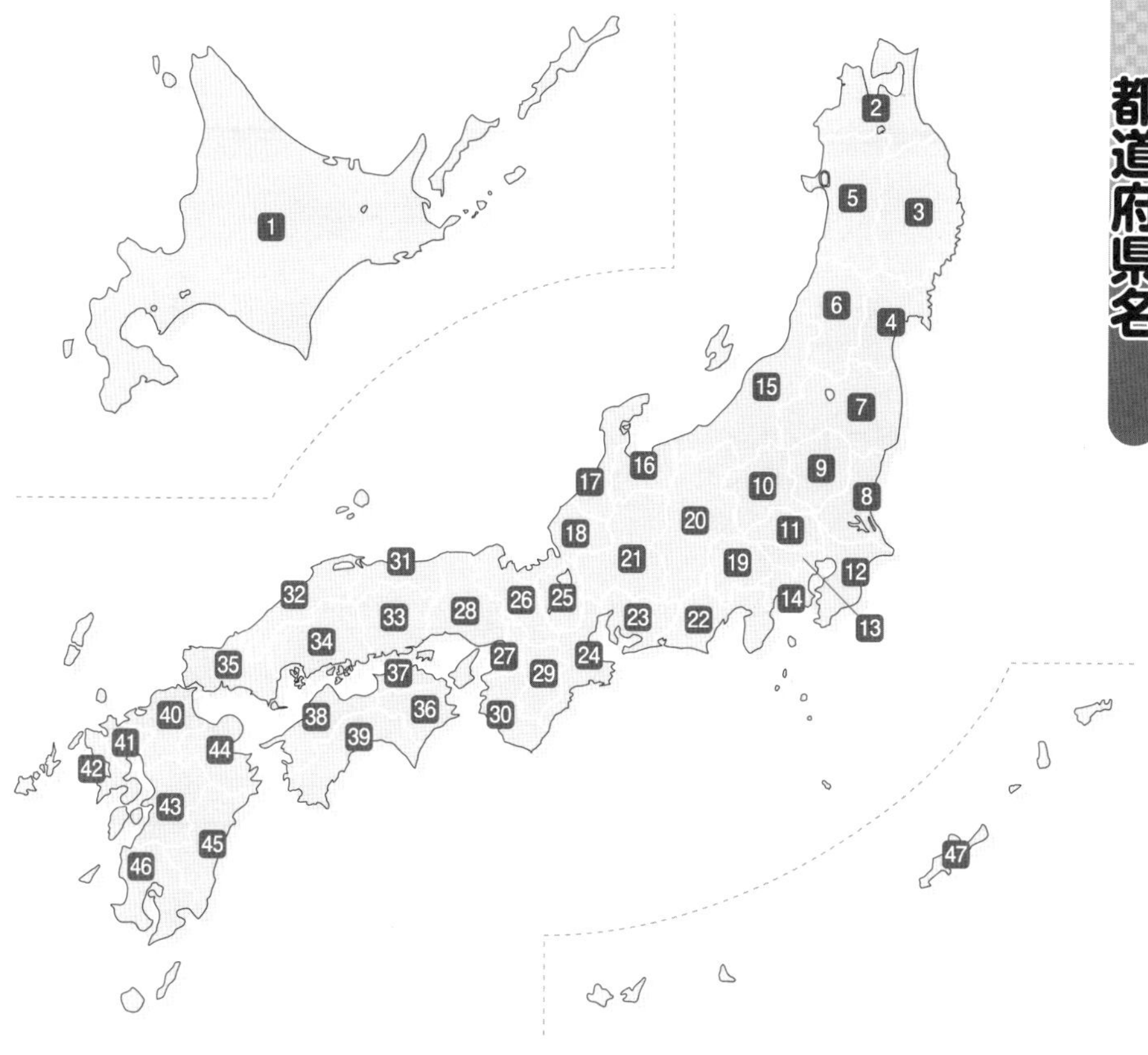

1	北海道	ほっかいどう
2	青森県	あおもりけん
3	岩手県	いわて
4	宮城県	みやぎ
5	秋田県	あきた
6	山形県	やまがた
7	福島県	ふくしま
8	茨城県	いばらき
9	栃木県	とちぎ
10	群馬県	ぐんま
11	埼玉県	さいたま
12	千葉県	ちば
13	東京都	とうきょうと
14	神奈川県	かながわ
15	新潟県	にいがた
16	富山県	とやま
17	石川県	いしかわ
18	福井県	ふくい
19	山梨県	やまなし
20	長野県	ながの
21	岐阜県	ぎふ
22	静岡県	しずおか
23	愛知県	あいち
24	三重県	みえ
25	滋賀県	しが
26	京都府	きょうとふ
27	大阪府	おおさか
28	兵庫県	ひょうご
29	奈良県	なら
30	和歌山県	わかやま
31	鳥取県	とっとり
32	島根県	しまね
33	岡山県	おかやま
34	広島県	ひろしま
35	山口県	やまぐち
36	徳島県	とくしま
37	香川県	かがわ
38	愛媛県	えひめ
39	高知県	こうち
40	福岡県	ふくおか
41	佐賀県	さが
42	長崎県	ながさき
43	熊本県	くまもと
44	大分県	おおいた
45	宮崎県	みやざき
46	鹿児島県	かごしま
47	沖縄県	おきなわ

●本書に関するアンケート●

今後の出版事業に役立てたいと思いますので、アンケートにご協力ください。抽選で粗品をお送りします。

◆PC・スマートフォンの場合

下記URL、または二次元コードから回答画面に進み、画面の指示に従ってお答えください。

https://www.kanken.or.jp/kanken/textbook/past.html

◆愛読者カード（ハガキ）の場合

本書挟み込みのハガキに切手を貼り、お送りください。

漢検 7級 過去問題集

2024年３月25日　第１版第２刷　発行

編　者　公益財団法人　日本漢字能力検定協会

発行者　山崎　信夫

印刷所　大日本印刷株式会社

発行所　公益財団法人　日本漢字能力検定協会

〒605-0074 京都市東山区祇園町南側551番地

☎(075)757-8600

ホームページhttps://www.kanken.or.jp/

Printed in Japan

ISBN978-4-89096-494-9 C0081

乱丁・落丁本はお取り替えいたします。

公益財団法人 日本漢字能力検定協会

漢検

漢検過去問題集 7級

標準解答

答案用紙と問題用紙は
別の用紙です。
検定では、答えを問題用紙ではなく
答案用紙に書きましょう。

目次

本体からはなしてお使いください。

漢検 公益財団法人 日本漢字能力検定協会
700494 (1-2)

(一) 読み (20) 1×20

1	2	3	4	5	6	7	8	9	10	11	12
あた	かんせい	きぼう	そうこ	あくてんこう	さいしょ	わ	ぎだい	えら	す	たよ	よくしつ

(二) 読み (10) 1×10

1	2	3	4	5	6	7	8	9	10
かいてい	そこ	がいとう	まちかど	れんきゅう	つ	がっしょう	とな	ひんしゅ	たね

合格者平均得点 9.6／10

(四) 画数（算用数字） (10) 1×10

	1	2	3	4	5	6	7	8	9	10
	何画目					総画数				
	3	6	12	5	4	13	9	12	7	11

合格者平均得点 8.3／10

(五) 音読み・訓読み（記号） (20) 2×10

1	2	3	4
ア	ア	イ	ア

(七) 漢字と送りがな（ひらがな） (14) 2×7

1	2	3	4	5	6	7
省く	散らす	必ず	固める	量る	勇ましい	栄える

合格者平均得点 12.1／14

(九) 同じ読みの漢字 (16) 2×8

1	2	3	4	5	6	7	8
説	節	老	労	養	要	清	静

合格者平均得点 13.3／16

(十) 漢字 (40) 2×20

1	2	3	4	5	6	7	8	9	10	11	12
冷	積	極	景	笑	芸	録	覚	菜	末	熱	参

合格者平均得点	20	19	18	17	16	15	14	13
19.3/20	う	お	くんれん	とくべつ	まんいん	な	つと	しんるい

合格者平均得点	10	9	8	7	6	5	4	3	2	1
18.9/20	イ	ウ	ア	イ	ア	ウ	イ	ア	ウ	イ

2×10

合格者平均得点	10	9	8	7	6	5
15.8/20	イ	ア	ア	イ	イ	イ

(六) 対義語（一字）(10)

合格者平均得点	5	4	3	2	1
8.7/10	徒	差	無	然	戦

2×5

合格者平均得点	ウ				イ			ア		
	10	9	8	7	6	5	4	3	2	1
18.8/20	伝	信	側	低	司	周	器	副	刷	利

2×10

合格者平均得点	五		四		三		二		一	
	10	9	8	7	6	5	4	3	2	1
17.4/20	イ	エ	オ	ア	イ	オ	ウ	エ	ア	ウ

2×10

学習日　月　日

／200

合格者平均得点	20	19	18	17	16	15	14	13
34.9/40	残	挙	臣	失	旗	児	飛	帯

7級 試験問題 2 標準解答【本冊20〜23ページ】

(一) 読み (20) 1×20

1	2	3	4	5	6	7	8	9	10	11	12
つづ	よ	た	じっけん	あくてんこう	す	わか	まわ	お	ちょうせつ	めし	しず

(二) 読み (10) 1×10

1	2	3	4	5	6	7	8	9	10
どりょく	つと	じかく	さ	けつまつ	むす	しょきゅう	はじ	きゅうよう	やしな

合格者平均得点 9.4/10

(四) 画数(算用数字) (10) 1×10

	1	2	3	4	5	6	7	8	9	10
	何画目					総画数				
	7	10	6	12	8	16	15	13	10	9

合格者平均得点 8.8/10

(五) 音読み・訓読み(記号) (20) 2×10

1	2	3	4
ア	イ	ア	イ

(七) 漢字と送りがな(ひらがな) (14) 2×7

1	2	3	4	5	6	7
包む	冷たい	治る	挙げる	祝う	折れる	働く

合格者平均得点 12.8/14

(九) 同じ読みの漢字 (16) 2×8

1	2	3	4	5	6	7	8
最	菜	完	管	察	札	産	参

合格者平均得点 13.4/16

(十) 漢字 (40) 2×20

1	2	3	4	5	6	7	8	9	10	11	12
飛	輪	仲	令	兆	残	未	徳	必	加	伝	焼

13	14	15	16	17	18	19	20
がいとう	しょうせつ	ねっせん	かくち	ふくさよう	へんか	ざいもく	わら

合格者平均得点 18.5/20

1	2	3	4	5	6	7	8	9	10
ウ	イ	イ	ア	ウ	イ	ア	ウ	ウ	ア

2×10

合格者平均得点 19.1/20

5	6	7	8	9	10
ア	イ	イ	ア	ア	イ

合格者平均得点 14.7/20

㈥ 対義語（一字）⑽

1	2	3	4	5
利	席	昨	無	満

2×5

合格者平均得点 8.3/10

ア			イ			ウ			
1	2	3	4	5	6	7	8	9	10
敗	散	改	側	健	借	漁	浅	浴	法

2×10

合格者平均得点 17.9/20

一		二		三		四		五	
1	2	3	4	5	6	7	8	9	10
ア	エ	イ	オ	ウ	オ	ア	ウ	イ	エ

2×10

合格者平均得点 17.6/20

13	14	15	16	17	18	19	20
博	種	泣	底	差	低	貨	好

合格者平均得点 33.2/40

学習日　　月　　日

／200

(一) 読み (20) 1×20

1	2	3	4	5	6	7	8	9	10	11	12
と	わら	がくげいかい	とほ	もっと	はじ	みんわ	ひょうご	か	くべつ	みうしな	おんがくたい

(二) 読み (10) 1×10

1	2	3	4	5	6	7	8	9	10
いちりんしゃ	ゆびわ	させつ	お	こうねつ	あつ	しゅくじつ	いわ	しょうめい	て

合格者平均得点 9.6/10

(四) 画数(算用数字) (10) 1×10

1	2	3	4	5	6	7	8	9	10
何画目					総(そう)画数				
4	9	3	10	8	18	12	8	10	13

合格者平均得点 8.8/10

(五) 音読み・訓読み(記号) (20) 2×10

1	2	3	4
ア	イ	イ	ア

(七) 漢字と送りがな(ひらがな) (14) 2×7

1	2	3	4	5	6	7
望む	静かな	付ける	固く	浴びる	伝わる	争う

合格者平均得点 12.8/14

(九) 同じ読みの漢字 (16) 2×8

1	2	3	4	5	6	7	8
観	官	散	参	貨	課	清	省

合格者平均得点 12.7/16

(十) 漢字 (40) 2×20

1	2	3	4	5	6	7	8	9	10	11	12
続	冷	席	説	仲	典	唱	借	置	泣	録	焼

20	19	18	17	16	15	14	13
う	なんきょく	だいじん	はたら	こうきょう	まと	いさ	やじるし

合格者平均得点 19.3/20

10	9	8	7	6	5	4	3	2	1
ア	イ	ウ	イ	ア	ウ	イ	ア	イ	ウ

2×10

合格者平均得点 18.7/20

10	9	8	7	6	5
ア	ア	イ	ア	イ	イ

合格者平均得点 15.5/20

(六) 対義語(一字) (10)

5	4	3	2	1
陸	満	周	無	敗

2×5

合格者平均得点 8.2/10

同じ音の漢字 (2

ウ				イ			ア		
10	9	8	7	6	5	4	3	2	1
億	健	便	信	果	束	未	願	頭	類

2×10

合格者平均得点 18.4/20

五		四		三		二		一	
10	9	8	7	6	5	4	3	2	1
エ	ア	イ	ウ	エ	オ	ア	イ	ウ	オ

2×10

合格者平均得点 17.1/20

20	19	18	17	16	15	14	13
必	栄	漁	労	材	英	井	努

合格者平均得点 34.9/40

学習日 月 日

/200

(一) 読み (20) 1×20

1	2	3	4	5	6	7	8	9	10	11	12
しず	しぜん	あた	じてん	す	はくぶつかん	くんれん	あらた	かがみ	か	ぐんて	やさい

(二) 読み (10) 1×10

1	2	3	4	5	6	7	8	9	10
こてい	かた	かんしん	かか	あんしょう	とな	しょうめい	て	かこう	くわ

合格者平均得点 9.7/10

(四) 画数(算用数字) (10) 1×10

	1	2	3	4	5	6	7	8	9	10
	何画目					総画数				
	5	8	6	9	3	10	11	20	9	14

合格者平均得点 8.9/10

(五) 音読み・訓読み(記号) (20) 2×10

1	2	3	4
イ	ア	イ	ア

(七) 漢字と送りがな(ひらがな) (14) 2×7

1	2	3	4	5	6	7
伝える	省く	折れる	熱い	試みる	祝う	働く

合格者平均得点 13.0/14

(九) 同じ読みの漢字 (16) 2×8

1	2	3	4	5	6	7	8
副	福	景	径	器	旗	害	街

合格者平均得点 13.4/16

(十) 漢字 (40) 2×20

1	2	3	4	5	6	7	8	9	10	11	12
飛	昨	清	司	芸	競	仲	票	勇	置	卒	続

20	19	18	17	16	15	14	13
どりょく	な	だいじん	まわ	きょうつうご	さか	た	かながわけん

合格者平均得点 19.0/20

(七) 漢字えらび(記号)(20)

10	9	8	7	6	5	4	3	2	1
イ	ア	ア	ウ	ア	イ	ウ	イ	ア	ウ

2×10

合格者平均得点 18.9/20

10	9	8	7	6	5
ア	イ	ア	イ	イ	ア

合格者平均得点 14.8/20

(六) 対義語(一字)(10)

5	4	3	2	1
健	満	末	無	戦

2×5

合格者平均得点 8.0/10

(八) 同じ部首の漢字(20)

ウ				イ			ア		
10	9	8	7	6	5	4	3	2	1
極	標	機	材	億	候	便	節	笑	管

2×10

合格者平均得点 17.5/20

(十) じゅく語作り(記号)(20)

五		四		三		二		一	
10	9	8	7	6	5	4	3	2	1
オ	ウ	ア	イ	エ	ウ	イ	ア	エ	オ

2×10

合格者平均得点 17.8/20

20	19	18	17	16	15	14	13
浅	録	量	漁	結	焼	輪	孫

合格者平均得点 34.5/40

学習日 月 日

/200

(一) 読み (20) 1×20

1	2	3	4	5	6	7	8	9	10	11	12
つづ	と	ねが	きろく	なかま	じっけん	いんさつ	がくげいかい	て	あらた	あいどく	よくしつ

(二) 読み (10) 1×10

1	2	3	4	5	6	7	8	9	10
けっか	むす	しょくえん	しお	えいよう	さか	こうてん	す	れんきゅう	つら

合格者平均得点 9.5/10

(四) 画数(算用数字) (10) 1×10

	1	2	3	4	5	6	7	8	9	10
	何画目					総(そう)画数				
	5	7	8	6	3	10	6	12	14	8

合格者平均得点 8.9/10

(五) 音読み・訓読み(記号) (20) 2×10

1	2	3	4
イ	ア	ア	イ

(七) 漢字と送りがな(ひらがな) (14) 2×7

1	2	3	4	5	6	7
伝える	参る	静かな	治まる	覚ます	低い	折れる

合格者平均得点 12.3/14

(九) 同じ読みの漢字 (16) 2×8

1	2	3	4	5	6	7	8
老	労	選	戦	隊	帯	共	競

合格者平均得点 12.9/16

(十) 漢字 (40) 2×20

1	2	3	4	5	6	7	8	9	10	11	12
極	巣	輪	借	英	必	倉	億	標	浅	底	働

13	14	15	16	17	18	19	20
か	ぐんて	さがけん	はじ	ほうち	こっき	じゅんちょう	のこ

合格者平均得点 19.3/20

(三) 漢字えらび(記号) (2…

1	2	3	4	5	6	7	8	9	10
イ	イ	ウ	ア	ウ	ア	イ	ア	ア	ウ

2×10

合格者平均得点 18.5/20

5	6	7	8	9	10
ア	イ	イ	ア	ア	イ

合格者平均得点 15.4/20

(六) 対義語(一字) (10)

1	2	3	4	5
卒	失	陸	良	冷

2×5

合格者平均得点 7.9/10

(八) 同じ部首の漢字 (20

ア			イ			ウ			
1	2	3	4	5	6	7	8	9	10
漁	満	泣	松	札	機	完	害	察	官

2×10

合格者平均得点 17.8/20

(十) じゅく語作り(記号) (20

一		二		三		四		五	
1	2	3	4	5	6	7	8	9	10
エ	イ	ウ	ア	ウ	オ	エ	オ	イ	ア

2×10

合格者平均得点 16.9/20

13	14	15	16	17	18	19	20
焼	笑	議	孫	民	争	然	固

合格者平均得点 32.7/40

学習日 月 日

/200

7級 試験問題 6 標準解答【本冊36～39ページ】

(一) 読み (20) 1×20

1	2	3	4	5	6	7	8	9	10	11	12
め	ほうぼく	て	わか	じてん	せいしょ	もと	つ	しあい	いちりんしゃ	すいどうかん	あた

(二) 読み (10) 1×10

1	2	3	4	5	6	7	8	9	10
けっか	は	はんせい	はぶ	てきちゅう	まと	させつ	お	ていくう	ひく

合格者平均得点 9.5/10

(四) 画数(算用数字) (10) 1×10

1	2	3	4	5	6	7	8	9	10
何画目					総(そう)画数				
4	8	5	3	6	14	9	12	8	16

合格者平均得点 8.8/10

(五) 音読み・訓読み(記号) (20) 2×10

1	2	3	4
イ	イ	ア	イ

(七) 漢字と送りがな(ひらがな) (14) 2×7

1	2	3	4	5	6	7
最も	挙げる	争う	努める	浅い	覚ます	浴びる

合格者平均得点 12.5/14

(九) 同じ読みの漢字 (16) 2×8

1	2	3	4	5	6	7	8
加	課	帯	隊	器	季	札	刷

合格者平均得点 13.2/16

(十) 漢字 (40) 2×20

1	2	3	4	5	6	7	8	9	10	11	12
昨	側	英	巣	億	標	仲	博	菜	必	焼	泣

20	19	18	17	16	15	14	13
す	せんしゅ	しぜん	かくち	おき	ひんしゅ	たよ	いさ

合格者平均得点 19.3/20

(三) 漢字えらび(記号) (20) 2×10

10	9	8	7	6	5	4	3	2	1
イ	ウ	ア	イ	ウ	ア	ウ	イ	ア	ウ

合格者平均得点 19.2/20

10	9	8	7	6	5
イ	ア	ア	イ	ア	ア

合格者平均得点 15.0/20

(六) 対義語(一字) (10) 2×5

5	4	3	2	1
望	末	陸	差	卒

合格者平均得点 8.5/10

(八) 同じ部首の漢字 (20) 2×10

ウ				イ			ア		
10	9	8	7	6	5	4	3	2	1
官	察	害	完	銀	鏡	録	極	機	梅

合格者平均得点 17.8/20

(十) じゅく語作り(記号) (20) 2×10

五		四		三		二		一	
10	9	8	7	6	5	4	3	2	1
ウ	オ	ウ	エ	ア	イ	ア	エ	オ	イ

合格者平均得点 16.7/20

20	19	18	17	16	15	14	13
笑	議	副	伝	旗	束	説	冷

合格者平均得点 34.6/40

学習日 月 日

/200

7級 試験問題 7 標準解答【本冊40～43ページ】

(一) 読み (20) 1×20

1	2	3	4	5	6	7	8	9	10	11	12
さ	たね	せつめい	きょうぎ	こころ	つった	じてん	きぐ	や	じゅしん	ふだ	やぶ

(二) 読み (10) 1×10

1	2	3	4	5	6	7	8	9	10
ひこうき	と	さんぽ	ち	かんけつ	むす	ほうたい	お	しょきゅう	はじ

合格者平均得点 9.6／10

(四) 画数（算用数字） (10) 1×10

	1	2	3	4	5
何画目	10	3	8	9	5

	6	7	8	9	10
総(そう)画数	12	16	8	15	11

合格者平均得点 8.5／10

(五) 音読み・訓読み（記号） (20) 2×10

1	2	3	4
ア	ア	イ	イ

(七) 漢字と送りがな（ひらがな） (14) 2×7

1	2	3	4	5	6	7
続く	覚える	熱い	建てる	最も	連なる	付ける

合格者平均得点 13.0／14

(九) 同じ読みの漢字 (16) 2×8

1	2	3	4	5	6	7	8
径	景	管	観	季	旗	唱	照

合格者平均得点 12.9／16

(十) 漢字 (40) 2×20

1	2	3	4	5	6	7	8	9	10	11	12
松	輪	笑	冷	積	労	芸	未	昨	塩	浴	泣

合格者平均得点	20	19	18	17	16	15	14	13
19.1/20	かがみ	がいこうかん	ほうち	かいせい	かんしん	りよう	なし	ぶんべつ

(三) 漢字えらび（記号）(20) 2×10

合格者平均得点	10	9	8	7	6	5	4	3	2	1
19.0/20	ウ	イ	ア	ウ	ア	ウ	ア	イ	イ	ウ

合格者平均得点	10	9	8	7	6	5
16.0/20	ア	イ	イ	ア	イ	ア

(六) 対義語（一字）(10) 2×5

合格者平均得点	5	4	3	2	1
8.4/10	然	無	浅	徒	健

(八) 同じ部首の漢字 (20) 2×10

合格者平均得点	ウ				イ			ア		
	10	9	8	7	6	5	4	3	2	1
18.0/20	達	追	選	辺	愛	感	念	借	低	仲

(十) じゅく語作り（記号）(20) 2×10

合格者平均得点	五		四		三		二		一	
	10	9	8	7	6	5	4	3	2	1
17.5/20	ウ	エ	エ	オ	ア	イ	ア	オ	イ	ウ

合格者平均得点	20	19	18	17	16	15	14	13
33.7/40	努	祝	特	治	極	願	必	梅

学習日　月　日

／200

7級 試験問題 8 標準解答【本冊44～47ページ】

(一) 読み (20) 1×20

1	2	3	4	5	6	7	8	9	10	11	12
つづ	かお	あ	きぐ	あんがい	しょうめい	どうとく	めんせき	つと	かがみ	しんるい	ぶんべつ

(二) 読み (10) 1×10

1	2	3	4	5	6	7	8	9	10
やくそく	たば	しつれい	みうしな	ひっし	かなら	けっか	むす	いんさつ	めじるし

合格者平均得点 9.5/10

(四) 画数(算用数字) (10) 1×10

何画目					総画数				
1	2	3	4	5	6	7	8	9	10
3	8	10	5	3	10	15	13	11	14

合格者平均得点 8.6/10

(五) 音読み・訓読み(記号) (20) 2×10

1	2	3	4
ア	イ	ア	ア

(七) 漢字と送りがな(ひらがな) (14) 2×7

1	2	3	4	5	6	7
唱える	借りる	選ぶ	静かな	加わる	冷たい	試みる

合格者平均得点 12.6/14

(九) 同じ読みの漢字 (16) 2×8

1	2	3	4	5	6	7	8
英	栄	害	街	位	衣	参	産

合格者平均得点 13.2/16

(十) 漢字 (40) 2×20

1	2	3	4	5	6	7	8	9	10	11	12
覚	節	群	欠	径	給	億	要	焼	笑	伝	松

13	14	15	16	17	18	19	20
こうてん	とくだい	しがけん	はくぶつかん	やしな	まわ	もっと	おび

合格者平均得点 18.9/20

（三）漢字えらび（記号）（20）

1	2	3	4	5	6	7	8	9	10
ア	イ	ウ	イ	ウ	ア	イ	イ	ウ	ア

2×10

合格者平均得点 19.6/20

5	6	7	8	9	10
イ	イ	ア	イ	ア	イ

合格者平均得点 14.9/20

（六）対義語（一字）（10）

1	2	3	4	5
辺	差	無	副	末

2×5

合格者平均得点 7.8/10

（八）同じ部首の漢字（20）

ア			イ			ウ			
1	2	3	4	5	6	7	8	9	10
敗	散	放	芽	芸	菜	漁	浅	清	満

2×10

合格者平均得点 17.1/20

（十）じゅく語作り（記号）（20）

一		二		三		四		五	
1	2	3	4	5	6	7	8	9	10
オ	ウ	ア	エ	イ	オ	イ	ウ	エ	ア

2×10

合格者平均得点 16.7/20

13	14	15	16	17	18	19	20
泣	旗	残	陸	浴	側	祝	種

合格者平均得点 33.0/40

学習日　月　日

／200

(一) 読み (20) 1×20

1	2	3	4	5	6	7	8	9	10	11	12
まんてん	せいりゅう	みやぎけん	お	つと	はなたば	おさ	あ	もと	か	たいけん	ほうかご

(二) 読み (10) 1×10

1	2	3	4	5	6	7	8	9	10
いちりん	わ	ひつよう	かなら	ねったいぎょ	お	れいせい	さ	さんこうしょ	まい

合格者平均得点 9.6/10

(四) 画数(算用数字) (10) 1×10

	1	2	3	4	5	6	7	8	9	10
	何画目					総(そう)画数				
	5	7	4	3	8	12	16	10	14	18

合格者平均得点 9.1/10

(五) 音読み・訓読み(記号) (20) 2×10

1	2	3	4
イ	ア	イ	イ

(七) 漢字と送りがな(ひらがな) (14) 2×7

1	2	3	4	5	6	7
包む	静かな	加わる	熱く	試みる	養う	焼ける

合格者平均得点 13.0/14

(九) 同じ読みの漢字 (16) 2×8

1	2	3	4	5	6	7	8
位	衣	唱	照	散	産	競	鏡

合格者平均得点 13.7/16

(十) 漢字 (40) 2×20

1	2	3	4	5	6	7	8	9	10	11	12
続	飛	願	塩	浴	副	笑	側	印	積	令	勇

13	14	15	16	17	18	19	20
しんきろく	うしな	しゅざい	しぜん	さか	さいてん	つた	ねん

合格者平均得点 19.3/20

(三) 漢字えらび(記号) (20) 2×10

1	2	3	4	5	6	7	8	9	10
イ	ア	ウ	ウ	ア	イ	ウ	イ	ア	ウ

合格者平均得点 19.4/20

5	6	7	8	9	10
ア	ア	ア	イ	ア	イ

合格者平均得点 17.1/20

(六) 対義語(一字) (10) 2×5

1	2	3	4	5
無	昨	浅	康	敗

合格者平均得点 8.7/10

(八) 同じ部首の漢字 (20) 2×10

ア			イ			ウ			
1	2	3	4	5	6	7	8	9	10
径	徒	徳	司	周	器	芸	菜	芽	英

合格者平均得点 18.4/20

(十) じゅく語作り(記号) (20) 2×10

一		二		三		四		五	
1	2	3	4	5	6	7	8	9	10
ウ	オ	ア	エ	オ	イ	イ	ウ	エ	ア

合格者平均得点 17.8/20

13	14	15	16	17	18	19	20
建	灯	共	牧	種	戦	末	残

合格者平均得点 34.8/40

学習日　月　日

/200

(一) 読み (20) 1×20

1	2	3	4	5	6	7	8	9	10	11	12
まい	ひく	いち	きろく	なわ	あ	じてん	やしな	ふい	なかなお	せっすい	じどう

(二) 読み (10) 1×10

1	2	3	4	5	6	7	8	9	10
しょきゅう	はじ	かこう	くわ	べんり	たよ	けってん	か	ゆうき	いさ

合格者平均得点 9.6/10

(四) 画数(算用数字) (10) 1×10

1	2	3	4	5	6	7	8	9	10
何画目					総(そう)画数				
7	5	12	13	3	11	8	10	14	16

合格者平均得点 8.8/10

(五) 音読み・訓読み(記号) (20) 2×10

1	2	3	4
イ	ア	ア	イ

(七) 漢字と送りがな(ひらがな) (14) 2×7

1	2	3	4	5	6	7
結ぶ	静かな	焼ける	固く	治まる	働く	覚ます

合格者平均得点 12.8/14

(九) 同じ読みの漢字 (16) 2×8

1	2	3	4	5	6	7	8
好	康	帯	隊	省	清	量	良

合格者平均得点 12.9/16

(十) 漢字 (40) 2×20

1	2	3	4	5	6	7	8	9	10	11	12
続	群	散	司	借	残	積	輪	束	梅	浴	浅

20	19	18	17	16	15	14	13
どりょく	かくち	かなめ	はた	つた	まんいん	おき	いふく

合格者平均得点 19.1/20

(三) 漢字えらび(記号) (20)

10	9	8	7	6	5	4	3	2	1
ア	イ	イ	ア	ウ	イ	ア	ウ	ウ	イ

2×10

合格者平均得点 19.6/20

10	9	8	7	6	5
ア	イ	イ	イ	ア	ア

合格者平均得点 15.3/20

(六) 対義語(一字) (10)

5	4	3	2	1
冷	徒	昨	周	席

2×5

合格者平均得点 8.7/10

(八) 同じ部首の漢字 (20)

ウ				イ			ア		
10	9	8	7	6	5	4	3	2	1
察	官	害	完	達	選	連	課	議	説

2×10

合格者平均得点 17.7/20

(十) じゅく語作り(記号) (20)

五		四		三		二		一	
10	9	8	7	6	5	4	3	2	1
ウ	エ	イ	オ	ウ	ア	オ	イ	エ	ア

2×10

合格者平均得点 18.1/20

20	19	18	17	16	15	14	13
泣	戦	然	灯	飛	孫	愛	折

合格者平均得点 34.2/40

学習日　月　日

/200

7級 試験問題 11 標準解答【本冊56～59ページ】

(一) 読み (20) 1×20

1	2	3	4	5	6	7	8	9	10	11	12
のこ	む	しきてん	ようやく	あ	しず	た	とうひょう	なわ	あつ	いるい	しゅげい

(二) 読み (10) 1×10

1	2	3	4	5	6	7	8	9	10
べんり	たよ	さんかん	まい	しゅうまつ	すえ	がんしょ	ねが	さんりんしゃ	くびわ

合格者平均得点 9.5/10

(四) 画数（算用数字） (10) 1×10

	1	2	3	4	5	6	7	8	9	10
	何画目					総(そう)画数				
	7	4	3	1	13	8	13	14	6	16

合格者平均得点 8.7/10

(五) 音読み・訓読み（記号） (20) 2×10

1	2	3	4
イ	ア	イ	ア

(七) 漢字と送りがな（ひらがな） (14) 2×7

1	2	3	4	5	6	7
結ぶ	固く	試みる	続き	帯びる	養う	努める

合格者平均得点 12.1/14

(九) 同じ読みの漢字 (16) 2×8

1	2	3	4	5	6	7	8
共	競	街	害	料	良	好	候

合格者平均得点 13.2/16

(十) 漢字 (40) 2×20

1	2	3	4	5	6	7	8	9	10	11	12
低	照	司	給	働	唱	極	徳	景	標	録	芽

合格者平均得点 19.2/20							
20	19	18	17	16	15	14	13
つ	こっき	せいか	しぜん	じゅんちょう	かくち	やぶ	お

(三) 漢字えらび（記号）(20) 2×10

合格者平均得点 18.7/20

10	9	8	7	6	5	4	3	2	1
イ	イ	ア	ウ	ア	イ	ア	ウ	ウ	イ

合格者平均得点 15.2/20

10	9	8	7	6	5
イ	ア	ア	ア	イ	イ

(六) 対義語（一字）(10) 2×5

合格者平均得点 8.3/10

5	4	3	2	1
功	未	浅	差	席

(八) 同じ部首の漢字 (20) 2×10

合格者平均得点 17.8/20

ウ				イ			ア		
10	9	8	7	6	5	4	3	2	1
清	満	浴	漁	節	笑	管	達	連	辺

(十) じゅく語作り（記号）(20) 2×10

合格者平均得点 17.4/20

五		四		三		二		一	
10	9	8	7	6	5	4	3	2	1
オ	イ	ウ	エ	オ	ア	ア	ウ	イ	エ

合格者平均得点 32.9/40

20	19	18	17	16	15	14	13
焼	陸	加	英	栄	伝	鏡	束

学習日　月　日

/200

(一) 読み (20) 1×20

1	2	3	4	5	6	7	8	9	10	11	12
つら	かんかく	て	きせつ	かだい	なかよ	せいしょ	あんがい	そうこ	とやまけん	あ	ねったいぎょ

(二) 読み (10) 1×10

1	2	3	4	5	6	7	8	9	10
ゆうき	いさ	べんり	たよ	かいせい	あらた	こてい	かた	あんせい	しず

(四) 画数（算用数字） (10) 1×10

1	2	3	4	5	6	7	8	9	10
何画目					総(そう)画数				
3	8	10	7	6	19	9	10	13	18

(五) 音読み・訓読み（記号） (20) 2×10

1	2	3	4
イ	イ	ア	ア

(七) 漢字と送りがな（ひらがな） (14) 2×7

1	2	3	4	5	6	7
挙げる	戦う	試みる	清い	必ず	冷える	祝う

(九) 同じ読みの漢字 (16) 2×8

1	2	3	4	5	6	7	8
衣	位	低	底	害	街	票	標

(十) 漢字 (40) 2×20

1	2	3	4	5	6	7	8	9	10	11	12
松	極	飛	博	令	借	笑	典	願	愛	続	札

13	14	15	16	17	18	19	20
つと	はなたば	つた	あらそ	ほうち	だいじん	とくべつ	つ

(三) 漢字えらび（記号） (20)

1	2	3	4	5	6	7	8	9	10
ア	ウ	イ	イ	ウ	ア	ウ	イ	ウ	ア

2×10

5	6	7	8	9	10
ア	イ	ア	イ	ア	イ

(六) 対義語（一字） (10)

1	2	3	4	5
陸	差	康	卒	失

2×5

(八) 同じ部首の漢字 (20)

ア			イ			ウ			
1	2	3	4	5	6	7	8	9	10
芸	苦	芽	司	器	周	漁	浅	満	泣

2×10

(十) じゅく語作り（記号） (20)

一		二		三		四		五	
1	2	3	4	5	6	7	8	9	10
ウ	ア	イ	オ	イ	エ	オ	ア	エ	ウ

2×10

13	14	15	16	17	18	19	20
焼	副	観	加	競	功	旗	灯

学習日
月　日

／200

7級 試験問題 13 標準解答【本冊64〜67ページ】

(一) 読み (20) 1×20

1	2	3	4	5	6	7	8	9	10	11	12
うめ	むすう	お	せいしょ	はたら	ともだち	きゅうしょく	とくさんぶつ	あらた	にいがたけん	やさい	たね

(二) 読み (10) 1×10

1	2	3	4	5	6	7	8	9	10
ねったいぎょ	おび	しょほ	はじ	れんぞく	つら	しゅくじ	いわ	ろうじん	お

(四) 画数(算用数字) (10) 1×10

	1	2	3	4	5	6	7	8	9	10
	何画目					総(そう)画数				
	6	3	8	9	3	10	7	12	11	10

(五) 音読み・訓読み(記号) (20) 2×10

1	2	3	4
イ	ア	イ	ア

(七) 漢字と送りがな(ひらがな) (14) 2×7

1	2	3	4	5	6	7
望む	群れる	必ず	束ねる	熱い	栄える	覚ます

(九) 同じ読みの漢字 (16) 2×8

1	2	3	4	5	6	7	8
共	競	官	観	標	票	散	参

(十) 漢字 (40) 2×20

1	2	3	4	5	6	7	8	9	10	11	12
冷	積	完	仲	倉	巣	最	置	焼	底	浅	約

13	14	15	16	17	18	19	20
じどうかい	おさ	がいとう	じゅうみん	くま	た	じゅんちょう	す

(三) 漢字えらび(記号) (20)

1	2	3	4	5	6	7	8	9	10
ア	ウ	イ	ウ	イ	イ	イ	ア	ウ	ア

2×10

5	6	7	8	9	10
ア	イ	ア	イ	ア	イ

(六) 対義語(一字) (10)

1	2	3	4	5
然	陸	失	笑	徒

2×5

(八) 同じ部首の漢字 (20)

ア			イ			ウ			
1	2	3	4	5	6	7	8	9	10
満	漁	浴	副	利	刷	加	努	労	勇

2×10

(十) じゅく語作り(記号) (20)

一		二		三		四		五	
1	2	3	4	5	6	7	8	9	10
ウ	オ	ウ	エ	ア	オ	エ	イ	イ	ア

2×10

13	14	15	16	17	18	19	20
塩	芸	牧	節	極	貨	材	残

学習日　月　日

／200

6級 試験問題 付録 標準解答【本冊68～71ページ】

(一) 読み (20) 1×20

1	2	3	4	5	6	7	8	9	10	11	12
は	そうぞう	うつ	せっせん	ふさい	こた	か	ぎむ	けわ	くら	きゅうゆう	はか

(二) 漢字と送りがな(ひらがな) (10) 2×5

1	2	3	4	5
招く	再び	構える	快い	耕す

合格者平均得点 8.9/10

(三) 部首名と部首 (10) 1×10

1	2	3	4
ウ	ロ	イ	阝

(四) 画数(算用数字) (10) 1×10

1	2	3	4	5	6	7	8	9	10
7	10	16	18	9	11	5	14	5	8

合格者平均得点 8.8/10

(六) 三字のじゅく語(一字) (20) 2×10

1	2	3	4	5	6	7	8	9	10
逆	陸	圧	非	均	状	輸	証	限	易

合格者平均得点 17.0/20

(八) じゅく語作り(記号) (12) 2×6

1	2	3	4	5	6
シ	キ	ア	サ	イ	ウ

合格者平均得点 11.0/12

(九) 音と訓(記号) (20) 2×10

1	2	3	4	5	6	7	8
ウ	ア	エ	ウ	イ	ア	ウ	ア

(十) 漢字 (40) 2×20

1	2	3	4	5	6	7	8	9	10	11	12
布	支	久	団体	勢	清潔	夢中	校舎	幹	内容	駅弁	酸素

20	19	18	17	16	15	14	13
よ	こせいてき	と	かんしゃ	こころざ	てきせつ	おんてい	ちょうさ

合格者平均得点 19.3/20

10	9	8	7	6	5
厂	オ	刂	キ	⺮	ク

合格者平均得点 8.9/10

10	9	8	7	6	5	4	3	2	1
ウ	イ	ア	エ	エ	イ	エ	ア	ウ	ア

2×10

合格者平均得点 16.0/20

10	9	8	7	6	5	4	3	2	1
造	額	経	標	準	損	祖	可	絶	独

2×10

合格者平均得点 16.4/20

10	9
エ	イ

合格者平均得点 13.6/20

(十) 同じ読みの漢字 (18)

9	8	7	6	5	4	3	2	1
堂	導	銅	慣	鳴	績	積	犯	飯

2×9

合格者平均得点 14.9/18

20	19	18	17	16	15	14	13
余	燃	過	混雑	現在	美術	演	迷

合格者平均得点 34.3/40

学習日 月 日

/200

● 7級受検者の年齢層別割合（2019～2021年度）

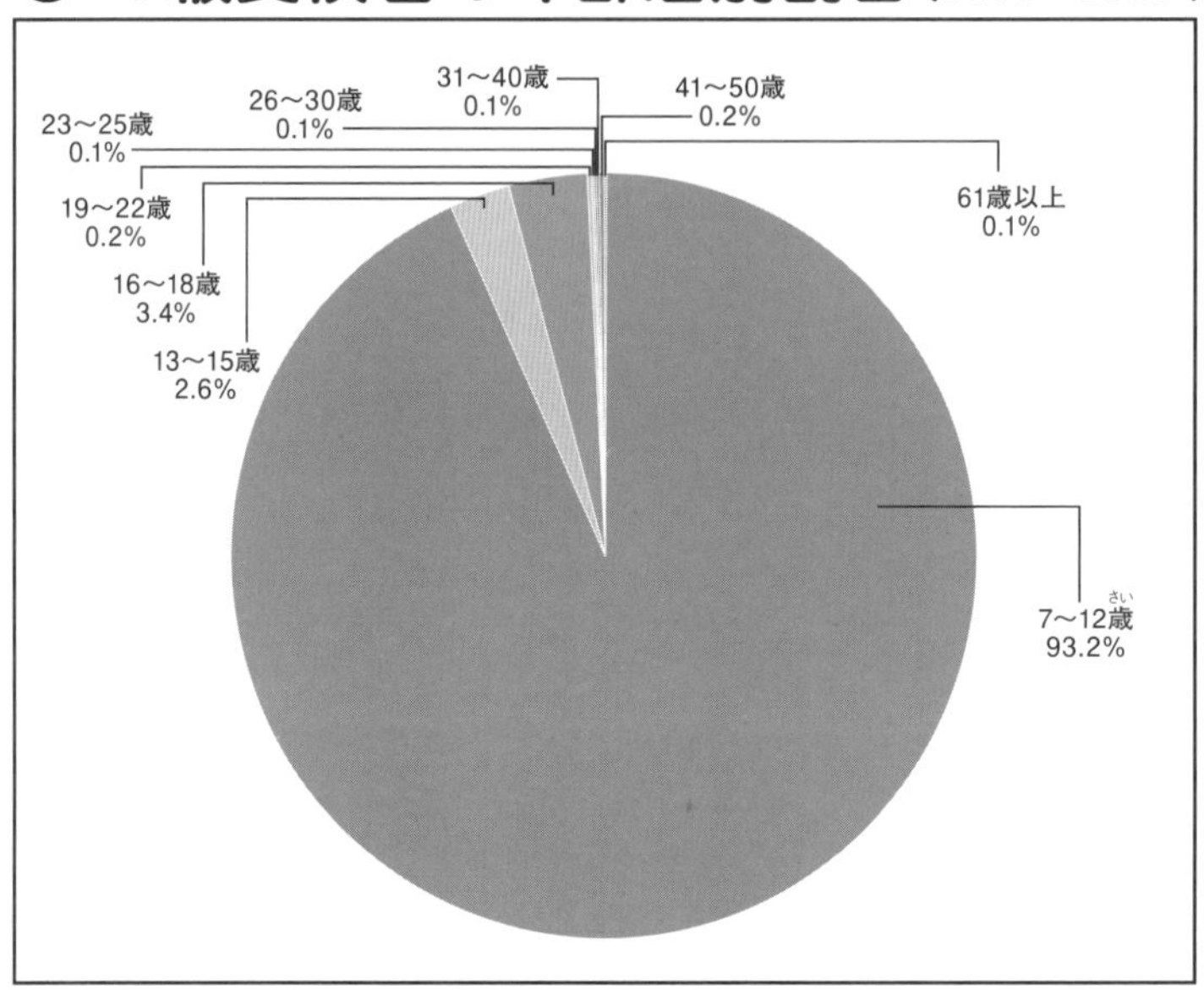

● 7級の設問項目別正答率（試験問題9）

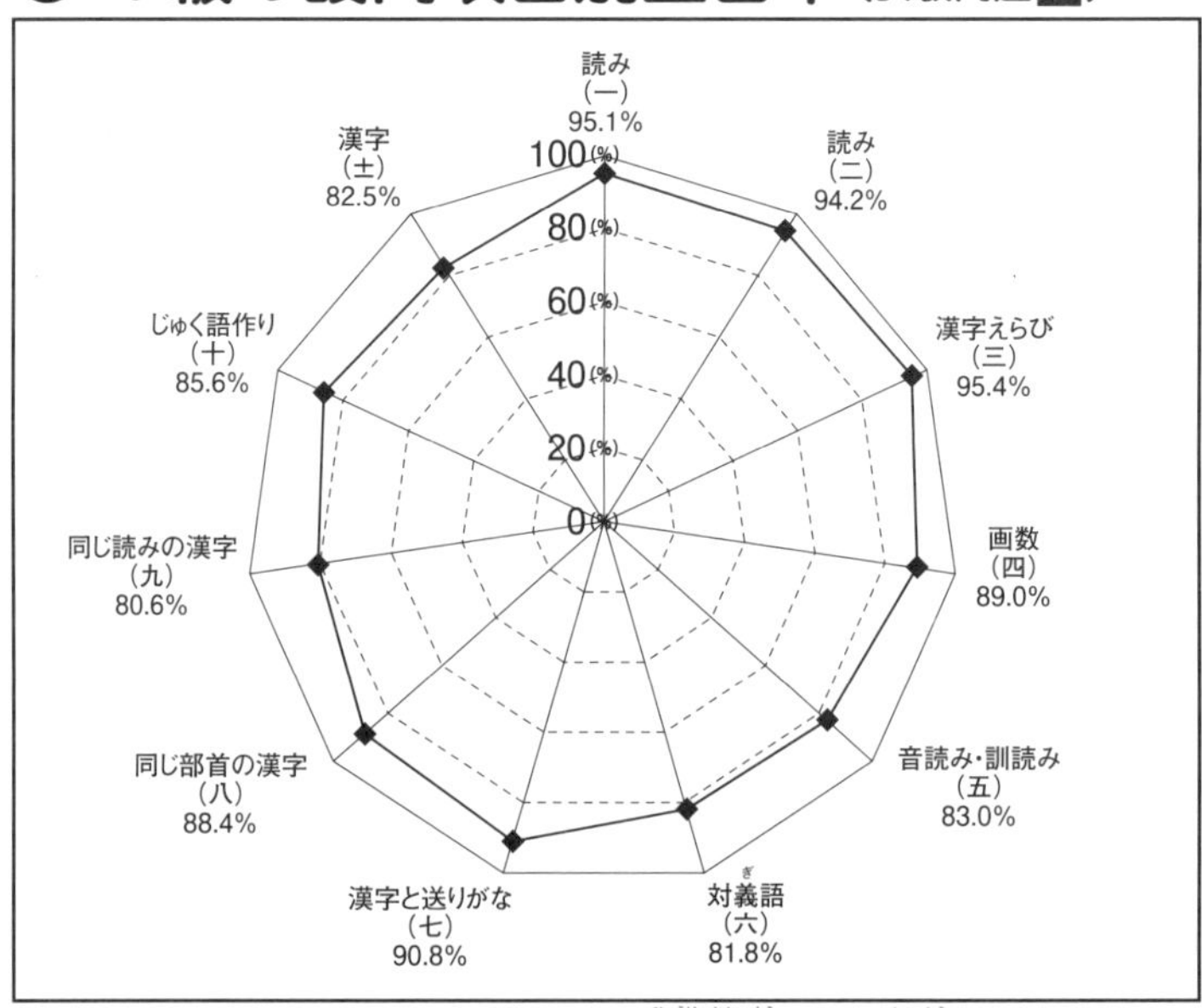

※（一）読み、（三）漢字えらびなどの設問項目名は、標準解答のものと対応しています。